岩 波 文 庫

33-615-1

スピノザ

神 学・政 治 論

—聖書の批判と言論の自由—

上　巻

畠 中 尚 志 訳

岩 波 書 店

Benedictus de Spinoza

TRACTATUS THEOLOGICO-POLITICUS
1670

凡例

一、本書は「エチカ」と並んでスピノザの主著を成す「神學・政治論」(Tractatus Theologico-Politicus) の邦譯であり、聖書の批判、哲學と神學の分離、國家に對する教會の從屬性、思考と言論の自由を主題としたものである。

一、本書はスピノザがその生涯を通じ自ら進んで世に問うた唯一の書であり、彼に對する生前並びに死後數十年間の毀譽褒貶は一に係つて本書に基因する。彼が生前つひに「エチカ」を出版することが出來なかつたのも本書が世に捲き起した囂々たる論難に妨げられてであつた。

一、譯出はカール・ゲプハルト編のハイデルベルヒ・アカデミー版(一九二四年)に依つた。

一、本書の成立の由來並びにスピノザの哲學に於ける本書の特殊的地位については本書の始めに附した解說の中で略述して置いた。

一、本書は我國に於て「神學的政治學的論文」とも呼ばれてゐる。

昭和十八年夏

福岡にて

畠　中　尚　志

上巻第四刷より、下巻第三刷より「聖書の批判と言論の自由」という副題をおいた。これは原著にはないのであるが、本書の内容を簡潔に表示する意味で、訳者の附したものである。

解説

一六六三年四月、スピノザはラインスブルフからフォールブルフに居を移した。この移轉について傳記者たちの推定してゐる理由は必ずしも一様でないけれども、その何れの理由を探つてみても、それは結局彼の哲學體系をまとめるための一層好適な土地を求めての移轉であつたことに歸着する。だから彼が、同地に定住後、ひたすらこの仕事に沒頭してゐたことは想像に難くない。彼はラインスブルフ時代に、既に彼の哲學體系を幾何學的形式に於て敍述することを始めてをり、その仕上つた定理や證明の一部はアムステルダムの友人たちに依つて組織されてゐたスピノザ讀書會に送られてゐたのであるが、かうしたことはフォールブルフに來てからも依然續けられてゐたと見られる。そして移轉の滿二年後、即ち一六六五年の春から夏にかけて、この仕事が漸く結實に近づいたことを我々は當時の彼の書簡(書簡二十三及び二十八)から判斷し得る。「エチカ」(倫理學)といふ書名も此頃になつて決定したものであつた。然るに我々は、やがて「エチカ」を完成した彼の代りに、「エチカ」の仕事を突然中止して別な仕事に取りかゝつてゐる彼を見出す。このことはオルデンブルクに宛てた同年九月四日附の書簡——それは現在我々に殘されてをらぬ——に對するオルデンブルクの返信（書簡二十九）から知られるのであり、それにはかうある。「……あなたは哲學してをられるといふよりは神學してをられる（さうした表現が許されますなら）御樣子ですね。あなたの御思想は天使や預言や奇蹟に向けられてゐるのですから。しかし恐らくあなたはそれを哲學的方法でおやりのことでありませう。それはともかくとして、そのお作はあなたにふさはしい、そして私にとつては極めて望ましいものであることを確信します。目下の難かしい御時世では自由に旅行することも叶はぬのですから、私はあなたに、そのお作に於けるあなたの御計畫と御目的とをどうか次便でお知らせ下さいますやうお願ひするのみです……。」

この新しい仕事は彼にとつても中々の難産であり、五年後の一六七〇年になつて漸く上梓の運びになつた。これが卽ち「神學・政治論」である。

スピノザは本書の著述にとりかゝる九年前、卽ち一六五六年に、その「恐るべき異端の說と驚くべき諸行爲」のゆゑにユダヤ教會から破門されてゐる。これに對して彼は、身の明しを立てるための「辯明書」を書いてユダヤ教會に提出した。この「辯明書」の主要內容は聖書の嚴しい批判であつて、その中には、聖書が從來解されてゐた如き意味での神の書でないことが主張されてゐたと見られる。始めスペイン語で書かれたこの「辯明書」は、後でラテン語に譯されて友人たちの間に讀まれてゐた形跡が認められるのであるが、結局出版されることもなく、現在ではもはや殘つてゐない。しかし古い傳記資料の提供者の一人であるピエル・ベールの證言に依れば、この書の內容の多くが「神學・政治論」の中に再び見出されるのであり、當時のユトレヒトの神學教授サロモ・ファン・チルも亦これを裏書きする如き言葉を述べてゐる。スピノザ自身が「神學・政治論」の中で、「余は玆で、既に久しい間考へてゐなかつたやうな何事をも書いてゐない」と言つてゐるのもかうした背景に於て解され得る。要するに、恰も「エチカ」の淵源が遠く「神・人間及び人間の幸福に關する短論文」にあつたやうに、「神學・政治論」の萌芽は既に九年前の「辯明書」の中に存したのである。この「辯明書」時代の聖書批判が彼のその後に於ける硏鑽やコレギアント派の人々――聖書の自由解釋を以て特徵づけられたコレギアント派の人々はラインスブルフをその會合の中心地としてゐた——との接觸に依つて一層發展し深化して行つたこと疑ひない。だから彼がさうした神學的諸見解を、彼が當時既に關心を有してゐた政治上の諸見解と結合して一書を成すといふことは、それ自體としては極めて自然な成行きと言つてよい。たゞ問題はその時期である。彼の生涯を賭けた仕事として自らも任じ人も認めた「エチカ」の完成をその一歩手前のところで中止して新たに「神學・政治論」の述作に專念することになつた原因は何か、——この疑問を解かねばならぬ。しかしてスピノザが前記オルデンブルクからの書簡に對して與へた返信（書簡三十）には恰もこの問に對する答となるものが含まれてゐる。それはかう讀まれる。「……私は目下聖書に關する私の解釋について一つの論文を起草してゐます。私をしてこれを草せしめるに至つた動機は第一には神學者たちの諸偏見です。この偏見は、私の見るところに依れば、人々の心を哲學へ向かはせるのに最大の障害となつてゐます。ですから私はそれらの偏見を摘發して、それをより賢明な人々の精神から取除くやうに努力してゐるのです。第二には民衆が私について抱いてゐる意見です。民衆は私に絕えず無神論者といふ非難を浴びせてゐるのです。私はこの意見をも出來るだけ排撃せねばなりません。第三いには哲學することの自由並びに思考することを言ふ自由です。この自由を私はあらゆる手段で擁護したいと思ひます。當地では說教僧たちの過度の勢力と厚かましさとの故にこの自由が色々な風に抑壓されてゐるのです……。」

我々はスピノザ自身の擧げたこれらの理由を以下に敷衍し、補足して、詳しく說明することにする。何故なら、「神學・政治論」の依つて生れた環境と事情とを正しく知ることは、「神學・政治論」の持つ特殊的性格と內容とを理解する上に何よりも必要な事柄だからである。そしてこれにはまづ當時のニーデルランドの宗教的並びに政治的情勢に目を注がねばならぬ。

スピノザが生を享けたニーデルランド共和國（オランダ州外六州の聯合國。その中心勢力たるオランダ州の名に因んでオランダ國とも呼ばれる）は、周知の如く、十六世紀の末葉、スペインのカトリック的壓制に對するカルヴィン派新教徒の蹶起に依つて創られた國である。然るに、十七世紀の初め待望の獨立を事實上完成するに及んで、この新興國は早くも政治上並びに宗教上の對立に惱むに至つた。政治上には、代々の總督たるオレンヂ家の當主を中心とするオレンヂ派（總督派）と、各州に勢力を占める執政《レヘント》たちを中心とする貴族派（州會派）との對立であり、又宗教上には、神の豫定の絕對性を主張するカルヴィン教正統派と、神の豫定に人間の意志の參與を認めんとするレモンストラント派との對立である。そしてこの政治的對立と宗教的對立とは互に結びついた。卽ちオレンヂ派は正統派を支持し、貴族派はレモンストラント派を擁護した。かうしたオレンヂ派と貴族派、カルヴィン正統派とレモンストラント派（並びにこれと類似の寛容溫健の諸宗派）との對立こそは、十七世紀のニーデルランドに絕え間なき內政的諸紛爭の底流を成すものであつた。一六一九年、時の貴族派の領袖で兼ねて又ニーデルランドの指導的政治家であつたオルデンバルネヴェルトが虐殺されたのはこの對立の最初の悼しい犧牲であつた。一六五〇年總督ウィルレム二世がクーデターを起し、貴族派の有力者數名を捕縛し、これを機に一擧に貴族派の勢力を覆滅しようとしたが、それは彼の不時の死に依つて十分成功しなかつた。そしてこの捕縛された有力者の一人たるヤコブ・ド・ウィットの子のヤン・ド・ウィットが一六五三年オランダの州會議長《ラード・ペンシオナリス》となつて貴族黨を率ゐるに至るや、國の指導權は擧げてその手に歸した。ヤン・ド・ウィットはクロンウェルの航海條令が原因となつて前年から始められてゐた對英戰爭、ニーデルランドにとつて形勢のよくなかつた對英戰爭を外交的折衝で終結させ、財政を整へ、商工業を興し、貿易を盛にし、言論の自由に心を用ひ、ニーデルランドの全盛時代を出現させた。併しウィットの宗教的寛容政策に慊らず且つ私かにオレンヂ派と款を通ずるカルヴィン正統派の神學者や說教僧は、依然彼の有力な敵手であつた。彼等は言ふ、「若しモーゼとアロン、爲政者と宗教家、劒と言葉とが相携へて異端の說に當らなければ、國家と教會とは共に恐るべき混亂狀態に陷るであらう」と。この表面至極尤もな言ひ分に依つて彼等の要求するのは、結局彼等と見解を異にする諸宗派への政府の干涉・彈壓であつた。政府も多少彼等の要求を容れたかに見えたが、その程度では彼等を滿足せしめるに足りなかつた。殊に一六六四年國內にペスト病が流行して多數の死者を出し、一六六五年には第二回の對英戰爭が思はしからぬ經路を辿り、同年末にはミュンステルの司教が大兵を率ゐて國內に侵入するなど國家の危難相繼いで起るに及び、說教僧たちはこれを以て支配者の瀆神的態度に對する天譴であるとなし、ウィットを無神論者・自由思想家と罵り、オレンヂ家の若い公子——ウィルレム二世の遺兒——を擔ぎ上ぐべく大衆を使嗾し、ウィットの諸政策を說教壇上から散々に誹謗した。玆に於てウィットは、彼等の專橫を封じ・國家權力を確立するために强力な現實的諸對策を行ふと共に、一方彼と信念を同じくする評論家たちに賴つて彼の政策を理論づける諸文書を書かしめた。當時出版された「政治講演」「政治の權衡」(この二書はスピノザの死後その藏書中に見出された)「オランダの利害」「公の祈り」「敎會人の權利」等の文書は何れもウィットの友人又は親近者に依つて書かれたもので皆如上の政治的目的意識を含んだ書であつた。そしてかうした書の最大なるものにスピノザの「神學・政治論」があつたのである。

ヤン・ド・ウィットとのめぐりあひはスピノザの生涯にとつて一轉機を劃する重要な事件であつた。スピノザは以前或書簡(書簡十三)の中で、彼の哲學を安全に發表するための有力な後盾《うしろだて》となる若干の人物(當時の世情がさうした人物を必要としたことは、デカルトの哲學でさへがカルヴィン派の排擊を受け、大學で講義することを再三禁ぜられたといふ事實からも想像出來る)を求めたい希望を語つてゐるが、その時彼が念頭に置いたのは、多分誰よりもまづこのウィットのことであつたと思はれる。彼が何時からウィットと知合ひになつたかは正確に定め難いが、彼がラインスブルフからフォールブルフに移つた理由の一つも、恐らくウィットの近く

——フォールブルフはウィットの居たハーグから二哩の位置にあつた——に住んだ方が自著を出す上に何かと便利だと思つたためであつたに違ひない。ウィットは政治的、外交的、財政的手腕に於てのみならず、學識と教養と人格に於ても遙かに時流を拔く大人物であつた。ストア精神に滲透された人文主義の中に育まれ、内省的で、激情を抑制するすべを知り、數學の大家で、デカルトの哲學にも通曉し、神學と哲學の完全分離を持論とするなど、實に數多くの點に於てスピノザと共通の領域・共通の信念の上に立つてゐた。ルーカスの傳ふところに依れば、ウィットの方でもスピノザを重要な政治問題について屢〻相談相手としたのであつた。だから逆に、ウィットの政策にはスピノザの思想が加味されてゐたと見ることも出來るのである。スピノザは今や彼の保護者にして同志たるウィットの高邁な政策がカルヴィン派の狂信的說教僧たちから散々にこき下され、國家權力は教權の跳梁の下にあへぎ、神學と哲學は混同され、思想と言論の自由は危殆に瀕するのを、私人としても公人としても默視するに忍びなかつた。彼は「エチカ」の完成を後日に留保して新しい仕事のため敢然立ち上つたのである。「エチカ」の建設は彼の最大の念願であつたとはいへ、その內容は時間を超越する永遠の眞理であつて必ずしも急を要せぬに反し、

「神學・政治論」の述作は一刻も猶豫の出來ぬ焦眉の急だつたからである。それにしても、もとは自己の哲學の發表のためにウィットの知遇をもとめたと思はれるスピノザが、ウィットとの關係から「神學・政治論」の執筆に時間を奪はれて却つて「エチカ」の完成を數年後らさざるを得なかつたばかりでなく、更に「神學・政治論」の出版が世に捲き起した騷擾のために生涯遂に「エチカ」の出版を不可能にされるに至つたことは、彼にとつて眞に意外な結果でなければならぬ。遮莫、この「神學・政治論」は、成立的にこそ一個の「時代の書」に過ぎなかつたけれども、それは著者の獨創的力量と透徹せる眼光との故に、これと前後して出た前掲の同種の諸文書と異なり、時代を越えた「永遠の書」の風格を帶び、「エチカ」と並んで彼の二大主著として後世に殘ることになつたのである。

これを以てスピノザ自らが擧げた本書執筆の第一の動機と第三の動機とに觸れた。第二の動機、即ち無神論者といふ非難の拂拭についても一言述べて置きたい。彼はユダヤ教團から離脱して以後は好んで隱栖の地に住んで獨り思索に耽り、自己自身の學說は一般世間へ公表することをしなかつた。それにも拘はらず彼を無神論者とする見方は當時既に世に行はれてゐたものの如くである。これを證する一つの插話をここに記さう。一六六五年フォールブルフの教會の牧師が缺員になつた時、スピノザの家主たる畫家ダニエル・ティデマンは同志の人々と共に管轄地方廳に宛てて或牧師を後任に推薦したき旨の請願書を提出した。これに對して、ティデマンの自由思想的傾向に慊らぬ正統派の人々がこれを阻む請願書を提出し、その中で、ティデマンがスピノザなる者を家に止宿させてゐること、そのスピノザは「無神論者で、あらゆる宗教の侮蔑者であり、この共和國にとつて危險な人物である」こと、「これは彼を識る多くの學者や牧師の證言するところである」こと、ティデマン提出の請願書はそのスピノザの手に成るものであることを述べてゐるのである。スピノザは他人の毀譽褒貶に無關心な人間であつたけれども、神への認識と愛とを自己の唯一の使命とし、且つ自ら善良なる國民を以て任じてゐた彼にとつては、かうした非難だけは堪へ難かつたのであらう。だから彼はこの非難をも除かんとして立上つたのである。然し彼は本書を書き始めた當時こそかゝる希望を抱いてゐたにもせよ、さうした個人的顧慮は次第に彼の心中から薄れて行つたに違ひない。或は本書を書き進めるにつれて、その內容を以てしてはさうした希望を達することが不可能であることを覺つたに違ひない。若し彼が最後までさうしようと希望し、或はさうし得ると信じてゐたとしたら、彼が本書を出版するに際し、自己の名を祕して無記名で出したといふ事實が解し難くなるからである。

スピノザは本書に於て神學者たちの諸偏見を指摘し、哲學と神學を分離し、教會に對する國家の優位性を規定し、思考と言論の自由を確立しようとする。この目的を達する前提として彼の最も力を注いだのは聖書の批判であつた。若し聖書が從來信ぜられたやうに神が天から人間に送つた書簡であつて內に絕對の眞理を含むものであるとしたら、聖書、ひいては神學や教會は、あらゆるものの上に絕對の權威を持ち、如上の諸原則は建てるに由なきに至るからである。かくて何よりも先づ聖書の傳統的解釋を打破せねばならぬのが本書に於けるスピノザの立場であつた。宗教改革は既に百餘年前教會と教會のドグマに向つて非難の銳鋒を向けたが、聖書そのものは宗教改革にとつても依然として一指も觸れることの出來ない聖殿として止まつた。この聖殿に對してスピノザは批判のメスを揮はうとしたのである。

聖書の批判はスピノザを以て嚆矢とするわけではない。中世に於けるユダヤ思想家の中にもこれに携はつた者があり、その中でもイブン・エズラの懷疑はスピノザに大きな暗示を與へた。このことは本書の八章から明らかである。近世でもこれに手を染めた者が二三に止まらない。スピノザに直接先行する人々の中ではトマス・ホッブスとラ・ペイレールとがスピノザの思索に若干の刺戟を與へたと思はれる。前者はその「レヴィアタン」の中で、「モーゼ五書はモーゼに依つてよりもモーゼについて書かれてゐるやうに見える」と主張してゐるし、後者はその「神學體系」の中で、モーゼ五書に於ける多くの繰り返しや矛盾を指摘し、それは異なれる時代に異なれる人々に依つて書かれたことの證據であるとしてゐるのであるが、この兩書は何れもスピノザの目に觸れてゐた筈だからである（殊に「神學體系」はスピノザの書庫中に藏されてゐた）。又スピノザと親交のあつたコレギアント派の人々も、教會のドグマに關してのみならず聖書そのものに關しても因習に捉はれぬ自由な解釋をしてゐた。しかしこれらの人々の批判は何れも微溫的にあらずんば部分的なものに過ぎなかつた。聖書の全體的且つ徹底的批判は實にスピノザを以て始めとするのである。

聖書には理性と調和せぬ多くの事柄が說かれてゐる。これを解釋するに當つて或人々——中世のユダヤ哲學者マイモニデス、降つてはスピノザの親友ロデウェイク・マイエル——の如く理性を規範とし、聖書を理性に順應させようとするのは、スコラ的獨斷的解釋であつて、聖書の眞意を歪曲するものである。聖書の意味は（然り意味はである。その意味する內容に對して客觀的眞理性を容認すべきや否やの決定は改めて理性に待たねばならぬこと勿論である）あくまで聖書からのみ求められねばならぬ。しかし聖書の意味を聖書からのみ求めるに際しては、一部正統派の人々の如く「超自然的認識」に頼るべきでなく、聖書をどこまでも一個の自然物として取扱ひ、聖書の純粹な記錄及び聖書に關する歷史的事實を資料とし、その資料の分析・綜合に基づいて聖書の意味を摑み採らねばならぬ。現在から見れば極めて自明的な、しかし當時から言へば頗る劃期的なこの歷史的批判的方法に依り、スピノザは聖書各卷の成立・關聯・著者・目的・本文等について、又聖書の教義の內容について、數多くの新しい解釋をなした。これらの成果の一部は近代の學問の進步に依つて超克乃至訂正されたにしても、その精神に至つては永遠に不滅であり、今日舊約聖書概論と呼ばれてゐる學問の基石は實に他ならぬスピノザに依つて置かれたものであつた。斯界の著名な學者コルニル（一八五四—一九二〇）は言ふ、「正に古典的樣式に於てこの學問に課題と目標とが示され、天才的直觀を以てこの學問の重要な成果が多數先取されてゐる。『神學・政治論』のこの章は古來舊約聖書に關して書かれた最重要なものの一つである」と。

スピノザは本書を啓示或は預言の概念の吟味を以て始め、次いで預言者、徵證、選民、神の法、奇蹟等の概念を取り扱ひ、これらの前提の上に彼の所說を展開させてゐる。人は、「神卽自然」の命題を根幹とするスピノザの汎神論的體系に、啓示とか徵證とか奇蹟とかの概念が入り込む餘地があることを不思議に思ふであらう。のみならず人は、本書の中で屢〻幾多の敎會的ドグマを肯定するかに見える表現に逢着して奇異の念に打たれるであらう。この點に躓いた一部の歷史評論家——メンツェルやヘイルケマ——は、スピノザは本書を書いた時と「エチカ」を書いた時とで異なつた神觀乃至世界觀を持つてゐたのだと推斷したが、これが謬りなるは言ふまでもない。そのことは、「エチカ」に於ける哲學體系は本書を書いてゐる時旣に確立してゐたこと、否その骨子はそれより六、七年前に書かれた「短論文」の時代に旣に出來上つてゐたことから明らかである。然らばかうした誤解を招くやうな紛らはしい表現が本書に何故屢〻見られるかと言へば、それは本書が上記の如く政治的意圖を包藏する著書であつたことから說明される。若し彼が神學者たちを論破するために自己の哲學的信念に基づいて頭から聖書的諸概念や敎會的ドグマを否定してかかつたなら、さなきだに無神論の譏りを受けてゐる彼の所說は、人を說得し得るよりは單に人を畏怖せしめるに役立つのみであつたであらう。それでは時患の急に對處せんとする本書の目的は達せられぬことになる。本書の目的を達する爲には何よりも先づ人々が喜んでその所說に耳を傾けてくれなくてはならぬ。それには一應先づ聖書や敎會に依つて認められてゐる敎義の上に立脚し、その上で次第に自己の主張に人々を引き入れるやうにすることが必要である。彼が「知性改善論」の中で掲げたあの準則、吾人は民衆の把握力に順應して語らねばならぬといふあの準則は、彼の好んで實踐したところのものである。「短論文」に於て「神の子」「攝理」「豫定」「甦生」「地獄」「惡魔」等の聖書的用語を用ひてこれに新しい內容を賦與してゐるのもこの故である。本書に於ては、かうした傾向が、本書の特殊的性格の故に最も濃厚に出てゐるのである。だから本書の中にスピノザの哲學と矛盾する諸敎義が混入されてゐても、それは聖書又は敎會の敎義であつてスピノザの敎義でないと見なければならぬ。同時に又彼の解釋方法に依つて決定された聖書の多くの個所の意味が、たとへ全然理性に合致しないとしても、それは聖書の言はうとする眞の意味がさうだといふだけであつて、スピノザがその内容の眞理性を容認してゐるわけではないのである。例へば神がイスラエル人たちに現實の聲を以て十誡を啓示したことや、天使が實際にダビデに顯示されたことを、マイモニデスは否定してゐるに反し、スピノザがこれを文字通り受取つてゐるのは、聖書の文句がさう解される、さうしか解されやうがない、といふのであつて、さうしたことが果して生じ得るかどうかといふことは問題外にしてゐるのである。彼がかうした態度を堅持してゐるのは、聖書乃至神學は、哲學と異なり、眞理の體系でなく、從つて聖書乃至神學と哲學とは嚴密に分離されねばならぬ、とする彼の信念（そしてそれはウィットの信念でもあつた）の一適用に外ならぬのである。

スピノザの探究に從へば、聖書は深遠な祕義や高遠な哲學思想を內容としてはをらぬ。聖書の意圖は眞理や叡智を教へることにはなく、ひとへに神への服從と隣人愛とを說くことに存する。たとへ聖書の中に若干の理論的教義が含まれてゐるとしても、それは人をこの服從と隣人愛とへ驅るに必要な限りに於ての極めて單純な教義のみである。また聖書の內容の主要部分を成す感動的な物語は、この意圖を達するための手段に外ならぬ。そして信仰とは、スピノザに依れば、神への服從に絕對に缺くべからざる諸觀念を神に關して持つことと定義される。聖書の意圖乃至宗教の核心をかくの如く神への服從と隣人愛(彼は時に敬虔又は正義といふ言葉をも用ひてゐる)とに限定せんとする彼の態度は、恐らく人々を直ちに納得せしめ兼ねるかも知れぬ。だが彼は勿論宗教に於けるその他の重大な諸要素を認めてゐないのではなく、たゞそれを一般宗教の中にではなく哲學の中に留保してゐるのである。言つてみれば彼は、聖書に基づく啓示宗教の奧に、更に別な宗教を、――哲學的宗教を、豫定してゐるのである。もともとスピノザは、その先蹤者デカルトと異なり、何が眞であるかといふことをよりは、何が救ひであり何が福祉であるかといふことを追求の對象とした哲學者であつた。彼を哲學へ驅つた根本動機は外ならぬ宗教的要求だつたのである。そして彼の發見した人間最高の福祉は、結局、神(＝自然)を識り且つ愛すること、換言すれば認識に依つて神と合一することこれである。この意味に於て彼の哲學體系「エチカ」は彼の形而上學であり、倫理學でもあると共に、又彼の宗教説でもあつた。しかしこの宗教、即ち理性的認識に依る神との合一は、誰にも出來る容易なわざではない。「すべて貴いものは稀であると共に困難である」といふ「エチカ」の著名な結語もこのことに關聯して解される。「神學・政治論」の中で、「理性の導きのみに依つて有德の狀態をかち得る人間は全人類から言つて極めて少數しかない」と言つてゐるのも結局同じことを意味してゐるのである。哲學的理性的宗教即ちスピノチスムスが假に人類の普遍的宗教となり得る日があるとしても、それはリヒテンベルクの言つた如く、「無數の歲月の後」でなければならぬ。だから若し認識に依る神との合一が人を福祉に與らしめる唯一の途であるとしたら、人類の大多數は自己の救靈に絕望せねばならなくなるであらう。然るに多數の人々にとつてはこの認識に依る途の代りに別の途がある。信仰に依る神との合一の途がこれであつて、聖書の敎へるのは實にこの途に外ならない。そしてそれは神への服從と隣人愛とに要約される。單なる服從が救靈の途であることを理性は敎へ得ないが、聖書はこれを種々の感動的な物語の例證を以て敎へる。この點に聖書又は啓示宗教の特殊な意義があり、スピノザはこの故に聖書を高く評價する。「エチカ」に於て峻嚴な哲學的宗教を說くスピノザは、同時に又ハーグに於ける彼の宿の同居人たちに向つて牧師の說教を精出して聞くやうに勸め、宿の家婦から彼女が彼女の宗教で幸福になれるかどうかと問はれたのに對しては、「あなたの宗教は結構です。あなたは平和な信心深い生活をなさりさへすれば何もほかの宗教をお求めにならなくても幸福になれます」と答へる(コレルスに依る)スピノザでもあつた。彼が本書の十四章の中で普遍的宗教に必要な基礎として擧げてゐる七つの教義の如きも、彼の「神卽自然」の原則につながる神觀・宗教觀を示したものでなく、それは專ら啓示宗教と神への服從とを問題とする限りに於ての教義に過ぎない。そして彼が信仰の規範を眞又は僞にではなく服從又は不服從に置き、聖書に對して眞理の認識體系を拒否し、宗教と哲學的眞理とを峻別したことは、當時の神學者たちをして自己と宗教上の意見を異にする者を迫害するの口實を失はしめ、國家の目的たる市民的平和を保護し、併せて又政權に對する教權の干涉・壓迫を擊碎するための伏線ともなつてゐるのである。

本書に於ける聖書の批判は專ら舊約に向けられ、新約に對しては本書の論旨を徹底させるに必要な最小限度の批判に止めてゐる。これをスピノザは、自分のギリシヤ語の知識が新約に深入するのに充分でないからだと斷つてゐるが、それは恐らく表面の理由であつて、別にもつと深い理由があつてのことと思はれる。――まづ舊約への批判が繁にして嚴であつたことについて言へば、それはユダヤ民族に對する彼の若き日の憤激がまだ心中に消えやらなかつたこと、本書がもともと「辯明書」の後身であつたこと、などと關聯して考へられる。書中屢〻見られるイスラエル民族に關する必要以上に嚴しい批評や必要以上に詳しい論述は這般の消息を語るものであらう。しかし本書が思想問題を取扱ふ一個の公的著述である以上、さうした私的・回顧的理由にのみその由來を求めることは出來ぬ。其處にはもつと具體的・實質的理由があつた筈である。そしてそれは彼が舊約聖書を以てカルヴィン派神學者たちの專橫の淵源と見てゐたことでなければならぬ。實に神學者たちは、舊約に記されたヘブライの神政國家（神を主裁者とする國家）を國家制度の模範と見做し、ヘブライ國家の諸規定を一般の思想壓迫と教權の獨立性とを基礎づける據りどころとしてゐたからである。神學者たちのためのこの危險な兵器廠たる舊約聖書を彼は全力を擧げて擊摧すべく迫られたのであつた。この見地から彼は、國家は民衆の福利を志す統治權者に委ねられねばならぬこと、モーゼに依つて創られたヘブライ國家の諸規定はヘブライ國家の建設と維持とをのみ目的としたもので決して普遍妥當的なものでないこと、否一見政權から獨立してゐたかに見えるヘブライの敎權も本質的にはやはり政權に統合されてゐたのであること、を詳述し、併せて敎權の跳梁はヘブライ國家に於ても多くの不幸の原因であつたことを説明したのである。——一方新約への批判が簡にして緩であつたことについて言へば、それは彼が親しく交際してゐた、そしてその自由な聖書解釋に彼が少からず好意を抱いてゐたコレギアント系キリスト敎徒たちへの思ひやりもあつたらうし、又上に屢〻述べた本書の特殊目的から言つて、キリスト敎の主要敎義を含む新約聖書を徹底的に破壞することは世に必要以上の衝動を與へることになるのを懸念したのにも依るであらう。しかしこの場合にも亦前の場合と照應するもつと實質的な理由が考へられなくはない。それは第一に、新約の敎義が舊約のそれに比して倫理的要素の豊かなことに對する彼の共感である。この倫理性こそは彼獨自の理性宗敎と聖書の啓示宗敎との間に存する最大の共通分野なのであつた。第二には、キリストの叡智と人格とに對する彼の尊敬である。彼はキリストを神の精神の正しき把握者となし、舊約に於けるモーゼ以下の預言者たちとは比較にならぬ高い地位をキリストに與へ、キリストを福祉への途と名づけてゐるのである。しかしこれらの故に、一部の人々の如く、スピノザを以て内心キリスト教教義に歸依してゐたと見ることは甚しい誤りである。人格神の存在とかキリストの神性とか祈禱に依る神との交通とかいふキリスト教の根本教義に對して彼は何らの理解も同情も示さなかつた。本書に於てこそ彼は、時代の神學に順應して、キリストを普通の人間を凌駕する知性の持主となし、「キリストの聲は神の聲と呼ばれ得る」などと言つてゐるが、これとてもキリストの神性に關する正統的教義を認容してゐるのではなく、たゞキリストを人間としての最高完全性に到達した者として認めたに過ぎぬ。その證據に彼は、自己の見解を憚りなく吐露し得る書簡の中では、キリストの神性を正面から否認し、キリストに神性を認めるのは三角形に對して四角形の性質を認めると同じく不條理であるとさへ極言してゐるからである（書簡七十三）。要するに彼の學說から言へば、キリスト教的信仰も、極めて有益な信仰であるとはいへ、根本に於てはやはり、ユダヤ教的信仰と同樣に、精神の活動《アクチオ》ではなくて受働《ペッシオ》であり、人間の自由《リベルタス》ではなくて隷屬《セルウイトウス》であつたのである。

本書は一六七〇年匆々出版された。人々の感情を出來るだけ刺戟しないやうに、屢〻自己韜晦とさへ思へるやうな表現を敢へてしてゐるに拘はらず、その中に隱顯する革命的諸思想は紛れるべくもなかつた。更に又彼の他の著書には見られぬ激しい調子が本書を貫流してゐた。前にも言つたやうに、彼の最初の希望がどうあつたにしても、出來上つた本書を以てしては世間の好意をかち得ることは不可能であり、むしろ世を擧げての迫害こそ確實に豫期されるのであつた。本書が著者の名を祕し、且つ發行所の名と發行人の名とを僞稱して（卽ちアムステルダムとあるべきところをハンブルグとし、リュウウェルツとあるべきところをキュンラートとして）出版されたのは、當時としては止むを得ぬ措置であつた。スピノザがこの年フォールブルフを去つてハーグに居を移したのも、ウィットのすぐ側に居た方が世の迫害を避けるのに有利であつたためと思はれる。

發行所をハンブルグと僞稱して出版したためか、本書はまづドイツに於て注目の的となり、本書反擊の最初の烽火はドイツの一二の學者に依つて擧げられたが、程なく本國のニーデルランドに於ても問題となり、忽ちにして囂々たる論難の嵐が捲き起された。著者が何びとであるかも長くは知られずに置かなかつた。カルヴィン正統派の人々は言ふに及ばず、あらゆる牧師、あらゆる神學者、更にはデカルト學徒たちまでが、この「思考の自由に關する極めて危険にして有害な書」に對して共同戰線を張つた。本來思想的に親近關係にあるべきデカルト學徒たちまでがかかる態度を執つたのは、彼等が世の物議の中心たる本書に關して責任を分擔することになるのを恐れたからであり、一方又聖書を哲學に依つて合理的に解釋しようとする彼等の立場は、聖書の歴史的解釋を主張する本書の立場と正に對蹠的關係にあつたからである。

これらの人々に依つて發表された本書への非難・攻擊も、スピノザの信念を些かたりとも搖がせることは出來なかつた。彼はこの論難の嵐の中で悠々と「エチカ」の最後の仕上げに專念するのであつた。彼は「その論難者たちの一人をも反駁する意圖は持たなかつた」のであり、「論難者たちのすべてが彼にとつては答辯に値ひしないやうに思へた」のであつた(書簡六十九)。ウトレヒトの神學教授マンスフェルトが本書を駁する一書を著はして、本書を宗教と國家とに有害な書として激しく彈劾し、その沒收と絶滅とを强調した時の如きも、スピノザはマンスフェルトの著書を書肆で瞥見しただけで、それが「讀むに値ひしないこと、まして答辯に値ひしないこと」を知り、「總じて無智な者ほど大膽で何かといへばすぐ筆を執りたがるものだ」と微笑するのみであつた（書簡五十）。たゞデカルト學派の哲學者兼醫者のフェルトホイゼンが、スピノザを宗教と道德を破壞し、神と人間を運命と必然性とに隷屬させる無神論者として猛烈に非難した時、スピノザは眞理愛に燃える相手の論難の中に、聞きすてならぬ諸〻の誤解のあることを見て、その蒙を啓くべく答へたのが例外といへば例外である（書簡四十三）。なほスピノザはこれらの論難を機に、「神學・政治論」の中の比較的不明瞭と思はれる個所を補足・解説するために若干の註を書いたこともここに記して置かねばならぬ（書簡六十八・六十九參照）。この註はスピノザの生前には印刷されなかつたが、幸ひスピノザ自身が一二の原本に書き込んだもの、又はその書き込んだものの寫しが後に發見され、後世出版のテキストには皆それが添へられてゐる。その數は全部で三十九ある。*

以上の如き個々人の論難と並行して宗教團體方面からの痛烈な彈劾が行はれたことと勿論である。各都市の教會委員會、各都市並びに各州の宗教會議は、相競つて諸種の訴狀、動議、決議を發表すると共に、各都市の行政官廳やオランダ法院を動かして本書の發行禁止を發令させようと策動するに寧日なき有樣であつた。しかしヤン・ド・ウィットが國の指導權を握つてゐる限り、かうした策動は何れも效なく終つた。一六七二年、ウィットがオレンヂ派を支持する民衆の暴動に依つて虐殺されるや、本書は口さがなき世人から、「背教のユダヤ人に依り悪魔と協同して地獄の中でこね上げられ、ヤン氏とその一味との承知の上で出版された」などと公然罵詈されるに至つたが、スピノザと親交ある貴族派の若干幹部はかかる情勢の中にあつて尚かつ本書を保護するすべを知つてゐた。併しオレンヂ公ウィルレム三世が、私かに王冠に渇望し、父祖傳統の政策たる正統派及び大衆との提携を强化するに及び、本書の運命は漸く迫つた。一六七四年七月、オランダ法院は、ウィルレムの意を體し、告示を以て、「神學・政治論」を、ホッブスの「レヴィアタン」やロデウェイク・マイエルの「聖書の解釋者としての哲學」と共に、「神を瀆し、精神を毒する書」

* これらの附註の中には長い、考證的な且つ現在から見て相當煩瑣な註も含まれてゐるから、本文庫ではこれを全部的に採錄することはしなかつたが、その中の重要なものは卷末の譯者註の中で採り上げておいた。なほ「神學・政治論」には、この三十九の追加的附註とは別に、初めから附せられてゐた註が十三あるが、これは本文庫に於てもそのまゝ全部本文の欄外に譯出しておいた。

と宣告し、これを「印刷し、普及し、販賣すること」を禁ずるに至つた。これに勢ひを得た宗教諸團體の活躍は益〻猛烈となり、更に本書の禁止を一層效果的ならしむべき諸種の決議が次々に發表された。

これらの私的並びに公的な論難、壓迫、彈劾、禁止にも拘はらず、本書はかなり廣く人々の間に讀まれた。本書は一六七二年には四つ折判《クワルトフオルマート》の本として增刷され、七四年には八つ折判《オクトフオルマート》の本として增刷されてゐる。但し同年の禁止令の後は、この八つ折判の本は表向きには虛構の書名の下に――即ち時には歷史書の標題を掲げ、又時には醫學書の體裁を裝つて――出版されたのであつた。なほ四つ折判の方はこの後更に二回の增刷を見てゐる。

しかし反對派の執拗な策動のつひに成功する時が來た。十七世紀の末頃に至り、本書は世上に殆ど影を見ることが出來なくなつた。これより先、彼の死の直後（一六七七年）に出版された「遺著集」――「エチカ」を含む――も、既に出版の翌年發行禁止の運命に逢着してゐた。だから人々は彼の思想を批判するのに直接彼の著作に基づくことを得ず、たゞ口から口への言ひ傳へに從ふのみであつた。今や棺を覆うて彼の聲價は一たび全く定つた觀があつた。かつて無神論の疑ひある者に過ぎなかつた彼はこゝに「無神論者の大王」として廣く喧傳された。そしてこれから約一世紀の後、ドイツの詩人や學者を先頭とする世界の識者に依つて彼の再評價が行はれ、「無神論者」の代りに「神に醉へる人」を、又「呪はれたるスピノザ」の代りに「聖スピノザ」を見出すまで、「神學・政治論」の著者スピノザは、恰も「死せる犬」の如く埋れてゐなければならなかつた。

目次

神學・政治論

思考の自由を許容することは敬虔の念と國家の平和を損ふことにならないばかりでなく、反つてこの自由を奪ふことは國家の平和と敬虔の念を危ふくする所以であることを示す若干の論文が含まれる。

我等が神に居り神が我等に居給ふことを知るは、神がその靈を我等に賜ひしに因りてなり。

――ヨハネ第一書四の十三――

緒　言

若し人間が自己の一切事を一定の計畫通りに處理することが出來るのであつたら、或は若し運命が常に人間にとつて有利に展開するのであつたら、人間は決して迷信に捉はれることがないであらう。然るに人間は、全く途方にくれるやうな諸種の困難に屢〻陷るものであり、又多くの場合、世間的幸福への飽くなき追求のゆゑに、希望と恐怖の間に痛ましくもたゆたふものであるから、人間の心はやゝもすれば手當り次第のものを信ずるやうに傾きがちである。人間の心といふものは、平素は實に自信たつぷりで、誇らしげで、尊大であるのに、一たび疑惑の擒となるや、僅かの衝撃に依つてもこつちに動かされあつちに動かされし（一）、この動搖性は、心が希望と恐怖の間にたゆたふ場合に益〻甚しくなるのである。

余の信ずるところに依れば、大概の人間は自分自身のことは知らないものであるけれども、今言つたことは誰だつて知らない者はないと思ふ。事實、人間の間に生活した者なら、必ずや次のやうなことを、——大概の人間は、順境にある場合には、たとへまだ經驗の乏しい者でも、極めて智慧に充ちてをり、誰か助言でも與へようとする者があれば侮辱を受けたやうに感ずるが、これに反して、逆境になれば、爲すすべを知らなくなり、誰にでも助言を懇望し、その助言がどんなに不適當な、どんなに不合理な、どんなに無益なものであつてもこれに從ふものであるといふことを、見知つてゐるからである。更に又人間は、ごく取るに足りない原因に依つてでもより善いことを希望し、或はより惡いことを恐れるやうに驅られるものである。例へば彼等は、恐怖の狀態に在る場合に於ては、何か過去の幸福或は不幸を思ひ出させるやうな事柄に遭遇するとそれを幸福な或は不幸な結果を暗示するものと考へ、その故にそれを、――これまでさういふことで幾度も幾度も欺かれて來たにも拘はらず、――善き或は惡しき前兆と名づける。若しそれ、異常な、一見奇異な事柄でも起ると、彼等はそれを神々又は最高神性の怒りを表示する異變と思ひ込み、迷信的で眞の宗教を知らない彼等は、これを犧牲と誓願とに依つて償はなければならぬと考へる。このやうにして彼等は、實に色々なことを虛構し、自然を種々の珍奇な方法で解釋する、恰も全自然が彼等と共に狂ひでもしたかのやうに。

　事情かくの如くであるから、余は何よりも先づ次のことを、即ち不確實な世俗的幸福を飽くなく追求する人々はあらゆる種類の迷信に陷ること、又すべての人々は、特に危險の中にあつて自分で自分を助けることが出來ないやうな場合に、誓願と女女しい涙とを以て神の援助を懇願するといふことを認める。彼等は理性を（理性は彼等の追求する儚ない目的に對して確實な道を示してくれないから）盲目的なものとなし、人間の智慧を空虛なものと呼び、これに反して、空想の幻影、夢、稚愚を神託と信ずる。それどころか彼等は、神が智者を嫌惡すると信じ、神が自己の意志を人間の精神にではなく動物の臓腑に書き込んだと思ひ、あまつさへ、愚者、狂者、或は鳥が神的靈感乃至神的本能に依つて神の意志を告げるとさへ信ずる。かくばかり恐怖は人間を狂はしめる。實に迷信を生み、保ち、且つ育くむ原因は恐怖なのである。

このことについて上述のことの外に具體的な例を知らうと思ふ者があるなら、アレキサンダー大王を見るがよい。彼はスサの隘路で運命（二）の恐るべきことを學ぶに至つて始めて迷信に捉はれ、卜者を用ひ出した（クルチウス第五巻第四章參照）。然しダリウスを打ち破つてからは易者や卜者に相談することを止めた。然るに後で又バクトリヤ人が背いたり、スキチヤ人が戰を挑んだり、彼自身が傷ついて倒れたりするなど、時運の非なるに恐れをなして、「再び（クルチウス自らが第七巻第七章に言ふやうに）人間精神の幻想たる迷信に立ち歸り、アリスタンデルの言を輕々しく信じ、アリスタンデルに命じて犧牲を獻げて事態が如何に成り行くやを尋ねさせた」のである。かうした例を余はもつと澤山擧げることが出來る。それらの例に依つて、人間は恐怖の續く限りに於て迷信の擒となること、人間が誤つた信仰に依つて禮拜して來た一切は空想の產物、悲しめる心・おどおどする心の幻影以外の何物でもなかつたこと、最後に又卜者は國家が艱難に陷ること多ければ多いほど益〻多く民衆を支配し、益〻多く王たちに恐怖の念を起させたこと、さうしたことが極めて明白に示される。しかしかかることどもはすべての人々に充分知られてゐると思ふから、余はこれを割愛する。

上に述べた迷信の原因から次のことが明白に歸結される。第一に、すべての人間は本性上迷信に從屬するといふことである（生きとし生ける者が神に關して混亂した觀念しか持たないといふことからこの事實が生ずると考へてゐる一部の人々の議論はどうあらうとも）。次に迷信は精神のあらゆる幻影、妄想のあらゆる衝動と同樣に、多種多樣なものであり、又極めて浮動的なものであるといふことである。最後に迷信は希望、憎しみ、怒り、欺瞞などに依つてのみ保持され得るといふことである。迷信は理性の中にではなく感情の中にのみ、しかも最も強力な感情の中にのみ根ざすのであるから。だから人々をあらゆる種類の迷信に陥らせることは極めて容易であるが、その代り、人々を同一種類の迷信にいつまでも止まらせるやうにすることは極めて困難である。否、民衆は何時も變らず不幸なものであるから、そのゆゑに民衆は、どんな迷信にも決して長く安住してはゐない。むしろ新しい迷信、まだ駄目なことの分らない迷信のみが彼等に最も氣に入るのである。迷信のかうした浮動性は幾多の騷擾、幾多の恐ろしい戰爭の原因となつて來た。何故なら(上に言つたことから明らかなやうに、又クルチウスも第四卷第十章で正しく注意したやうに)「大衆を強く支配すること迷信に如くはない」からである。この結果として民衆は、宗教の口實のもとに忽ちにして彼らの王たちを神々の如く尊崇し、又忽ちにしてこれを呪詛し、或はこれを人類共同の敵として嫌惡するやうに驅られ勝ちである。

この弊害を避けようとして人々は、宗教(その眞なるものであると誤れるものであるとを問はず)を祭式と施設とで飾りたてることに莫大な努力を拂つて來た。これに依つてその宗教が何よりも重大なものに見え、又それがすべての人々から常に最高の敬虔を以て禮拜されるやうにしたのである。このことは正にトルコ人たちに最もうまく成功した。彼らは宗教上の議論をすることをさへ罪となし、各人の判斷力を數々の先入見に依つて籠絡し、遂にその精神の中に健全な理性を容れる餘地が、否疑惑を容れる餘地さへがないやうにしてゐる。

然しながら若し、人間を誤謬の中に留め置き、恐怖心を宗教の美名で彩つて人間を抑制するに利用し、かくて人々をして隷屬のために戰ふこと恰も福祉のために戰ふ如くならしめ、且つ一人の人間の名譽心の爲に血と生命とを捨てることを恥としてでなく却つて最大の譽と思はしめるといつたやうな、さうした事どもが若し君主政治の最高の祕訣であり、君主政治の最大の關心事であるとしたら、反對に、自由なる國家に於ては、これ以上に不幸なことが考へられることも出來ないし、試みられることも出來ないのである。各人の自由なる判斷を諸〻の先入見に依つて籠絡したり、これを何らかの方法で制限したりするといふことは、一般的自由と全然矛盾するのであるから。尙ほ又宗教に藉口して惹起される騷擾に關して言へば、さうした騷擾は全く次のことからのみ、即ち思辨的な事柄に關して法律を設けるといふことから、並びに意見が犯行と同樣に有罪視され、處罰されるといふことからのみ生ずる。要するにかゝる意見の擁護者・追從者は、公共の安寧のためにではなく、むしろ反對意見者たちの憎しみと激昂とのために犧牲にされてゐるのである。若しも國法が行爲をのみ責めて言論はこれを罰しないとしたら、このやうな騷擾が法の名のもとに美化されることも出來ないし、又意見の相異が騷擾にまで發展するといふこともないであらう。

ところで我々は、判斷の自由と神を自らの意向に從つて禮拜する自由とが何人にも完全に許されてゐる國家に、――自由が何ものにもまして高貴であり、甘美であると思はれてゐる國家に生を享くるといふ稀なる幸福に惠まれてゐるのであるから(三)、この自由は敬虔と國家の平和とを損ふことなしに許され得るといふこと、のみならずこの自由が侵害されれば國家の平和と敬虔も同時に侵害されざるを得ないといふことを余が示すとしても、余はそれを忘恩的な乃至は無益な企てではないと信じたのである。これこそ余が本書の中で證明しようとした主題なのである。このため何よりも必要であつたのは、宗教に關する主要な諸偏見を、換言すれば昔の隷屬狀態の諸痕跡を、指示することである。次に又國家の最高權力〔主權〕の權利に關する諸偏見を指示することである。宗教に携はる多くの人々は、厚かましき專横さを以て、この權利の大部分を自己の手に奪取しようと力め、まだ異教徒的迷信に捉はれてゐる大衆の心を、宗教の口實のもとに、國家の最高權力から離れさせようと努力してゐる。(四) これは一切を再び隷屬狀態に陷らしめるものである。さて以上のことどもを如何なる順序で示さうとしてゐるかを余はここに簡單に述べようと思ふのであるが、然しその前に、余は先づ本書を書くべく促された動機について語りたい。

余が屢〻不思議に堪へなかつたのは、キリスト教を奉じてゐると自負してゐる人人、換言すれば愛・喜び・平和・節制・萬人に對する誠實を誓つてゐる人々が、ひどい敵意を以て互に爭ひ、極めて激しい憎惡を每日相互に交し合ひ、このやうにして彼らの信仰は、前記諸美德に依つてよりも、かうした行動に依つて識別されるといつた有樣になつてゐることである。旣に久しい前から事態は次の點にまで至つてゐる。卽ち、或人が何者であるか、換言すればキリスト教徒であるか、トルコ人であるか、ユダヤ人であるか、異教徒であるかは、單にその者の外觀と衣服とからしか、或は彼がこの又はかの教會堂に通つてゐるといふことからしか、或は最後に、彼がこの又はかの意見を信奉しこの又はかの師匠の言葉を金科玉條としてゐるといふことからしか識別されない。とまれ、その行状に至つては、すべて皆同一なのである。かうした不都合の原因を究めるに、それは確かに次のことから、即ち敎會に於ける職務を顯職と見做し・その勤務を收入の源泉と認め・牧師に最高の尊敬を拂ふ等々のことが宗教のために必要だと一般民衆が考へてゐたといふことから、生じたのである。かうした弊風が教會内に行はれ出すや、極くいかがはしい人間も聖職者にならうとする欲望に激しく驅られた。神の宗教を廣めようとする愛は汚れた所有慾と名譽慾に變り、神の殿堂そのものは劇場に墮し、其處で聽かれるのは宗教博士の言葉でなくて辯士の言葉であり、これらの辯士の誰もが民衆を教化しようとはせずにたゞ民衆に自分を感歎させようとし、反對意見者たちを公然と罵り、新奇なこと・聞き馴れぬこと・民衆が最も感歎するやうなことをのみ說かうとした。これからして當然多くの激しい論爭・嫉妬・憎惡が生ぜざるを得なかつたのであり、かかる憎惡はいくら時が經つても鎭まる筈はなかつたのである。だから昔の宗教がその外的祭式（これに依つて民衆は神を尊崇するよりは神に阿諛してゐるやうに見える）以外の何ものをも殘してゐないことも、又信仰は今や輕信と偏見と以外の何ものでもなくなつてゐることも、何ら怪しむに足りない。しかも何といふ偏見であらう。それは人間をして理性的存在者から動物に轉ぜしめる底のものである。更にこれらの偏見は、人々に自己の自由な判斷力を用ふることを阻み、眞と疑とを區別することを妨げ、まるで知性の光明を全然消し去るためにわざわざ案出されたものであるかに見える。噫！　敬虔と宗教とは荒唐無稽な祕儀の中にのみ存するに至り、理性を頭から輕蔑する者や知性をもともと駄目なものとして排斥し・嫌惡する者は、不當極まることには、神的光明の所有者と信ぜられてゐる。だが若し彼らにして神的光明の一片なりとも持ち合せてゐたとしたら、彼らはあのやうに馬鹿氣た尊大ぶりを發揮することがなく、もつと賢明に神を禮拜することを知つたであらうし、又今のやうに憎しみに依つて目立つ代り愛に依つて頭角を現はしてゐたであらうに。又反對意見者たちをあのやうな敵意を以て迫害することなく、却つてむしろこれに同情したであらうに（若し彼らの心配してゐることが彼ら自身の都合ではなくて反對者たちの福祉であつたとしたら）。尙ほ若し彼らが少しでも神的光明を持つてゐたとしたら、それは少くとも彼らの教説から明らかになつたであらう。なるほど余は彼らが聖書の深い祕義を口を極めて歎美したことはこれを認める。しかし余の見るところ、彼らの教説は、アリストテレスやプラトンの亞流の思辨以外の何物でもなかつた。そして彼らは、異教徒の追從者であると思はれぬために、さうした思辨に聖書を順應させて來たのである。彼らはギリシヤ人たちと共に亂心するを以て足れりとせず、更に預言者たちをもこれと共に亂心せしめようと欲した。これは彼らが聖書の神聖性を夢にだに考へないことの明白な證據である。そして彼らがかうした祕義を益〻熱心に歎美するにつれて、彼らは聖書を眞に信じてゐるのでなくて單に聖書に盲從してゐるのであることを益〻明らかにしてゐる。このことは、大抵の人々が、聖書を理解し聖書の眞の意味を究めるにあたり、聖書は至るところ眞實且つ神聖なものだといふことを原則として前提してゐることからも明白である。つまり彼らは、聖書の理解とその嚴密な吟味とを經て始めて明らかになるべきところのこと、又人間の想像力を借りることなしに聖書自身から一層よく知り得るところのことを、最初から聖書解釋の規則として建ててゐるのである。

かくて余は、自然的光明は輕蔑されるばかりでなく多くの人々から不敬虔の源として呪はれてゐること、又人間の虛構が神の敎へと思はれ輕信が信仰と考へられてゐること、更に敎會や國家に於て哲學者たちの論爭が激しい感情を以て交はされてゐること、其處から强烈な憎惡と軋轢が生れそれが容易に騷擾に變ること、又その外にもここに述べるとあまり長くなる色々のことが生ずること、さうしたことどもについて色々と思ひめぐらしたのであるが、その結果余はかう固く決心した、聖書を捉はれざる自由な精神を以て新しく吟味しよう、そして聖書そのものから極めて明瞭に知り得ること以外のいかなることをも聖書について主張せず又さうしたこと以外のいかなることをも聖書の教へとして容認しないことにしよう、と。かうした用心を以て余は、聖書を解釋すべき方法を立て、この方法に從つて、何よりも先づ次のことを探究し始めた。卽ち、預言とは何であるか、又如何なる手段に於て神は自らを預言者たちに啓示したか、又何故に預言者たちは神の氣に入つたか、彼らが神と自然とに關して崇高な思想を持つたが故にかそれとも單に彼らの敬虔の故にか。これらについて確かめた後では余は、預言者たちの權威が單に行狀及び眞の德に關する事柄に於てのみ重きをなすのであり、それ以外の點では彼らの意見は我々にあまりかゝはりがないといふことを容易に決定し得た。かうした認識の後で余は、ヘブライ人たちが何故に神の選民と呼ばれたかを問題とした。そしてこれは神が彼らに對し安全且つ快適に生活し得べき世界の或地域を選んでくれたからに他ならないことを知つたので、これからして、神からモーゼに啓示された律法は單にヘブライ國だけの法規であり、從つてヘブライ人以外の何人もこれを受入れる義務がなかつたこと、否、ヘブライ人さへも單に彼らの國家の繼續してゐる間だけこれに拘束されるのであることを知つた。更に人間の知性がもともと駄目なものであるといふことを聖書から結論し得るかどうかを知る爲に余は、普遍的宗教卽ち預言者と使徒とに依つて一般人類に啓示された神の法は、自然的光明が教へるそれと異つたものであつたかどうか、又次に奇蹟は自然の秩序に反して起つたかどうか、又奇蹟は我々が明瞭且つ判然と第一原因から理解する諸〻の事柄よりも一層確實に一層明瞭に神の存在と攝理とを教へてくれるかどうか、さうしたことを探究しようと欲した。然し余は、聖書が明確に教へる事柄の中には知性と調和しない或は知性に矛盾する何事も見出し得なかつたし、尙ほ又余は、預言者たちは誰にも容易に把握され得るやうな極めて單純な事柄しか說かなかつたのであり、それをたゞ表現に於て飾り又それを大衆の心を敬神へ最も強く動かし得るやうな諸〻の根據を以て支へたに過ぎないのであることを見た。このゆゑに余は、聖書が理性に對して絕對に自由な立場を殘してゐること、又聖書は哲學と共通する何ものをも持たずむしろ聖書と哲學とはそれぞれ自己特有の地盤の上に立つてゐることを確信するに至つた。これを不可疑的に證明し、且つ全事態を明白に決定するために、余は、如何なる方法に於て聖書が解釋さるべきかを、又、聖書並びに靈的な事柄に關する全知識は聖書の中からのみ求めらるべきであつて自然的光明に依つて認識する事柄から求めらるべきでないことを示してゐる。ここから余は諸〻の偏見を指摘することに移る。これらの偏見は、民衆（迷信に捉はれ、且つ舊時代の遺物を永遠そのもの以上に愛する）が、神の言葉自體をよりも聖書の諸篇そのものを尊崇することから生じたのである。この後で余は、聖書を構成してゐる一定數の書卷そのものが啓示された神の言葉なのではなくて、神の言葉は預言者に啓示された神的精神の單純な概念の中に、換言すれば神に全心を以て服從し且つ正義と愛とを育くむことの中にあることを示してゐる。尙ほ余は、聖書に於ける敎へは、預言者や使徒が神の言葉を說く相手とした人々の把握力と考へ方とに順應して語られてゐること、そしてこれは人々に反撥心を感ぜしめずに心からそれを服膺せしめようとする爲であつたことを示してゐる。

　それから信仰の諸基礎を示した後で、最後に余は、啓示的認識の對象は服從以外の何ものでもないこと、そして啓示的認識と自然的認識とは對象に於て又基礎と手段とに於て全く異なること、前者は後者と共通する何ものをも持たず、むしろ前者後者共に他を反撥することなしに自らの領域を保持してをり、兩者のいづれもが他に隷屬すべきでないこと、さうしたことどもを結論してゐる。

尙ほ又人間の性向は極めて多種多樣なものであつて、或人にはこの考へ方が氣に入るかと思へば他の人にはかの考へ方が氣に入り、又この人を敬神にまでそゝることがかの人を嘲笑にまで驅るといつた有樣であるから、これからして余は、上のことどもに附帶して次のやうな結論をしてゐる。それは卽ち、各人に對して判斷の自由を認め且つ信仰の基礎を自己の意向に從つて解釋する權利を認めねばならぬこと、又各人の信仰が正しくあるか正しくないかは專らその人の行爲からのみ判斷すべきであるといふことである。このやうにしてのみすべての人々は全き心、自由な心を以て神に服從することが出來ようし、又このやうにしてのみ正義と愛とがすべての人々から尊重されるであらう。

余は、以上を以て、啓示された神の法が各人に對して自由を認めてゐることを示した後、問題の他の部分に移り、この自由は國家の平和と最高權力の權利とを損ふことなしに許され得ること、否又許されねばならぬこと、そしてこの自由は、平和への大きな危險と全國家の大きな損害とを伴はずには奪はれ得ないことを示さうとする。これを證明する爲に余は各人の自然權から出發し、各人の自然權は各人の欲望と力とが及ぶところまで及ぶこと、又自然權に依れば何人も他人の意向に從つて生活すべく義務づけられて居らず、むしろ各人は自己の自由の擁護者なのであることを余は示してゐる。この外に余は、人がこの權利を實際に放棄することは、その人が同時に自己を護る力をも他人へ委護するのでなくては出來ないこと、又各人が自己自らの意向に從つて生活する權利を自己を擁護する力共々に或人に委護した場合に、その委護された人は必然的にこの自然權を無制限に保持すること、さうしたことを示してゐる。尙ほここからして余は、最高の統治權を握る人々はその爲し得る一切を爲す權利を持つこと、彼らのみが權利と自由の擁護者であること、他の人人は彼らの決定に從つてのみすべてを爲さねばならぬことを示してゐる。然し何人も人間としての立場を失ふまでに自己自身を護る力を奪はれることは不可能なのだから、これから余は、何人も自己の自然權を完全には奪はれ得ないこと、むしろ臣民はある種の權利をいはば自然權に依つて保持すること、かうした權利は國家の大きな危險を伴はずには彼らから奪ひ取られ得ないこと、從つてかゝる權利は臣民に對し暗默的に認められるかそれとも臣民が統治權を握る人々と明示的にこれを契約するかであること、さうしたことを結論してゐる。かうしたことどもを考察した後余は、ヘブライ人の國家に移つてそれを詳細に敍述するのであるが、これは、如何なる理由に依つて又如何なる人々の決定に依つて宗教が法的效力を持つに至つたかを示し、又その序でに、知るに價ひすると思はれる他の多くの事どもを示さんが爲である。その後で余は、最高の統治權を握る人々は單に國法の擁護者・解釋者であるばかりでなく、更に又宗教に關する法の擁護者・解釋者であること、彼らのみが何が正であり、何が不正であり、何が敬虔であり、何が不敬虔であるかを決定する權利を持つてゐることを示してゐる。そして最後に、彼らがこの權利を最もよく維持し且つ統治權を安全に確保し得る爲には、各人にその欲するところを考へ又その考へるところを言ふ自由を與へねばならぬことを余は結論してゐる。

哲學的讀者諸君、余が諸君に提示して吟味を乞はんとする著作はかくの如きものである。それは著作全體並びにその各章が取り扱つてゐる對象の重大性と有益性との故に諸君に歡迎して貰へることと確信する。これについて余はもつと多くを附け加へたいのであるが、この緒論があまり長くなつては困るし、それに主要な點は哲學者たちには十分明瞭になつたと信ずるからこれをやめる。殘りの人々には余は本書を薦めようと思はぬ。何故なら余は本書がどんなかの點でさうした人々の氣に入ると期待し得る何らの理由をも持たないからである。實に余は、敬虔の名の下に人人が抱いてゐるあの諸〻の偏見は人々の心に極めて頑固に膠着してゐることを知つてゐる。又余は、民衆から迷信を取り去ることは恐怖を取り去ることと同等に不可能であることを知つてゐる。最後に余は、民衆が自己の考へを變へようとしないのは恆心ではなくて我執なのであること、又民衆はものを賞讚したり非難したりするのに理性に依つて導かれず衝動に依つて動かされることを知つてゐる。故に民衆並びに民衆と共にかうした感情に捉はれてゐるすべての人々に余は本書を讀んでもらひたくない。否、余は彼等が本書を、すべてのものごとに對してさうであるやうに、見當違ひに解釋して不快な思ひをしたりするよりは、却つて本書を全然顧みないでくれることが望ましい。彼らは本書を見當違ひに讀んで自らに何の益がないばかりか、他の人々に、——理性は神學の婢でなければならぬといふ思想に妨げられさへしなかつたらもつと自由に哲學し得たであらうさうした人々に、邪魔だてするであらう。實にさうした人々にこそ本書は最も有益であると余は確信するのに。

それは兎も角として、多くの人々には恐らく全體を讀む餘暇も興味もあるまいと思ふから、余はここに、本書の巻末に於てなしたと同様に、次のことを言つておかざるを得ない。それは、余は本書に書いてゐる一切を余の祖國の最高權力の吟味と判斷とに喜んで服せしめる用意があるといふことである。若し余の言つてゐる事柄のどれかが祖國の法律と矛盾し或は公共の安寧を害すると最高權力が判斷した場合は、それを言はなかつたと同様に見做して欲しい。余は一個の人間であつて誤る可能性のある者であることを知つてゐる。然し余は誤らないやうに、又殊に余の書くすべてのことが祖國の法律・敬虔並びに善良なる風俗と完全に合致するやうにひたすら努力して來たのである。

第一章

預言について

預言或は啓示とは、或事柄に關して神から人間に示された確實な認識である。預言者とは然し、神から啓示されたことを、神の啓示について確實な認識を有し得ない・從つてまた啓示を單なる信仰に依つてのみ受容し得るさうした人々に代辯する人間である。抑〻預言者はヘブライ人たちの間にあつては nabi と呼ばれてをり、辯士又は代辯者の謂であるが、この言葉は然し聖書の中では常に神の代辯者のことに用ひられてゐる。これは例へば出埃及記七章一節から明らかである。其處で神はモーゼに、「視よ、我汝をパロに對する神たらしむ。汝の兄弟アロンは汝の預言者たるべし」と言つてゐるのである。この意味は、アロンは汝の言ふところをパロに代辯して預言者の役割を勤めるのであるから汝はパロに對していはば神或は神に代る者となるであらうといふのである。

預言者については次章に讓るとして、ここでは預言について語らう。上記預言の定義から、自然的認識も預言と呼ばれ得るといふ結論になる。といふのは我々が自然的光明（Lumen Naturale）に依つて認識する事柄は專ら神の認識とその永遠なる決定とにのみ依據するのであるから。然しこの自然的認識はすべての人間に共通な諸基礎の上に立脚してをり、從つてまたすべての人間に共通したものであるから、その故にそれは民衆からはあまり尊重されない。民衆は常に稀なるもの・自分の本性とかけ離れたものに憧憬し、自然の賜物を輕蔑しがちだからである。從つて彼等は預言的認識について語る場合、自然的認識を拒否しようと欲する。然しそれにも拘はらず自然的認識は他の認識（それがどんなものであらうとも）と同等の權利を以て神的と呼ばれ得る。何故なら自然的認識を我々に囁く（いはば）ものは神の本性――我々がそれに關與してゐる限り――並びに神の決定なのであり、そしてこの自然的認識はすべての人々が神的と名づけるあの認識（預言的認識）とたゞ次の點に於てしか異なつてゐないからである。次の點とは、後者は前者の限界以上にまで及ぶといふこと、並びに、後者はそれ自體に於て觀られた人間の本性の諸法則に依つては說明され得ぬといふことである。然し自然的認識の裡に含まれてゐる確實性及び自然的認識が依つて發生する源泉（卽ち神）に關してはそれは決して預言的認識に劣るものではない。尤も人が、預言者たちは人間の身體は持つてゐたが人間の精神は持つてゐなかつた、從つて彼らの感覺と意識とは我々のそれと全然本性を異にするものであつた、と解しようと欲し或はむしろさう夢みようと欲するならこの限りにあらずであるけれども。

然し自然的知識が神的であるにしても自然的知識の傳播者は預言者と呼ばれ得ない。(二) といふのは彼等の敎へる事柄は他の人々も彼ら自身と同等の確實性、同等の妥當性を以てこれを認識し把握することが出來、それは決して單に信仰にのみ依るのでないからである。

斯くて我々の精神は、單に、神の本性を觀念として (objective) 自らの裡に含み・神の本性に關與してゐるといふことそのことのみに依つて、諸概念を——事物の本性を解明し・正しき生活法を敎へる諸概念を——形成する能力を持つてゐるのであるから、我々はしかく考へられる限りに於ての精神の本性を當然神的啓示の第一原因と見做すことが出來る。何故なら、我々が明瞭且つ判然と理解する一切は、先に示したやうに、神の觀念と神の本性とが我々に囁いてゐるのだからである、但し言葉に依つてではなくて精神の本性と最もよく調和する一層勝れた方法に依つて。そしてこれは知性の確實性を味はつた者なら誰でも自分ではつきり經驗してゐるところである。

然し余の主要目的は専ら聖書に關する事柄についてのみ語るにあるのだから、自然的光明についてはここに述べた數言を以て充分とする。そこで余は神が自然的認識の限界を越える事柄並びに又自然的限界を越えない事柄（といふのは神が我々が自然的光明に依つて認識する事柄自身を他の諸方法に依つて人間に傳へても一向差支へないわけであるから）を人間に啓示する他の諸原因及び諸手段に移り、さうした原因と手段とについて詳細に述べようと思ふ。

だが然しかゝる事柄について言はれ得る一切は聖書の中からのみ求められなくてはならぬ。何故なら、我々の知性の限界を越える事柄に關しては、預言者自身が口づから乃至は書いたものに依つて我々に傳へること以外の何を我々は言ひ得よう。ところで今日我々は、余の知る限り、何らの預言者を有してゐない（二）のだから、我々にとつては、預言者が我々に殘した聖書を繙くこと以外の何ものも殘らぬのである。だがそれには我々はかゝる事柄に關し預言者自身が明瞭に言はなかつた事柄を主張したり或はさうした事柄を預言者自身に歸したりすることのないやうに用心しなければならぬ。

然しこの際何よりも注意せねばならぬのは、ユダヤ人たちは中間的原因或は部分的原因には言及せず或は之を顧慮せず、むしろ常に宗教心と敬虔の故に、或は（俗にいふ言葉に從へば）神信心の故に、すべてを神に關係させるといふことである。例へば商賣で金を儲けた場合彼らは神がそれを彼らに與へたと言ひ、何かを欲する場合神が彼らの心をさう導いたといひ、又何かを考へる場合は神がそれを彼らに語つたと言ふのである。だから神が或人に語つたと聖書に書いてあるのを全部預言や超自然的認識と見做すべきではなく、たゞそれが預言又は啓示であつたことを聖書が明瞭に說いてゐる場合、或は物語の前後からそのことが歸結される場合にのみさう見做すべきである。

聖書を繙く時我々は、神が預言者たちに啓示した一切は言葉に依つて或は形象に依つて或はその兩者卽ち言葉と形象とに依つて啓示されたことを知るであらう。だがこの言葉なり形象なりは、眞實なもの、換言すれば、これを聞き或は見る預言者の表象力の外にも存するものであつたか、或は單に表象的なものであつたかである。(三)

預言者の表象力は、覺醒時に於てさへ、〔實際に存在しない〕言葉或はものを聞き又は見たとはつきり思へるやうな狀態になり得たのであるから。

神はヘブライ人たちの爲に規定しようと欲した律法を眞實の聲でモーゼに啓示した。これは出埃及記二十五章二十二節から知られる。同所で神は、「我其處に汝を待ち、幕屋の中なる二つのケルビムの間より汝と語らん」と言つてゐるのだから。これは確かに神が眞實の聲を用ひたことを示すものである。事實モーゼは、その欲する度毎に、神が何時も其處で彼と語るべく待つてゐるのを見出したのであつた。そして神が依つて以て律法を告げたこの聲のみが眞實の聲であつた。余がまもなく示すであらうやうに。

神がサムエルを呼んだ聲も眞實の聲であつたと思ひたいところである。何故ならサムエル前書三章の終節に、「しかして神再びサムエルにシロにて現はれ給ふ。神サムエルにシロにて神の言葉に依りて己を示し給ひたるなり」とあるからである。これはつまり、サムエルに對する神の出現は神が自らを言葉に依つてサムエルに示したといふことにのみ存した、或はサムエルが神の語るのを聞いたといふことにのみ存したといふ意味に外ならぬのである。然しモーゼの預言と他の預言者たちの預言との間には區別を認めなくてはならぬから(四)、我々は當然サムエルが聞いたこの聲を單に表象的なものと思はざるを得ない。このことはその聲がエリの聲に、――サムエルが常に聞きなれてゐた・從つて又表象するのに最も容易であつたエリの聲に、似てゐたといふことからも歸結される。三度神から呼ばれてサムエルはエリから呼ばれたと思つたのである(五)。尙ほ又アビメレクが聞いた聲も表象的なものであつた。といふのは、創世記二十章六節に、「神彼に夢の中にて言ひ給ふ云々」とあるからである。つまり彼は覺醒時に於てではなく單に夢の中に於て(卽ち表象力が實在しないものを表象するのに最も適當する場合に於て)神の意志を表象し得たのである。

或ユダヤ人たち(六)の意見に依れば、十誡《デカログス》(モーゼの十誡)の言葉は神が言つたのではないとされる。彼らは考へる、イスラエル人たちは言葉を聞いたわけではなくてたゞ或音響を聞いただけなのである、そしてこの音響の續いてゐる間に彼らは十誡《デカログス》の律法を純粹に精神的に把握したのである、と。余も亦かつてはこの考へを持つてゐた。出埃及記に於ける十誡(七)の言葉と申命記に於ける十誡の言葉(八)とは違つてをり、これからして――神は一度だけしか語らなかつたのであるから――十誡は神の言葉そのものをではなくて單にその意味を說いてゐるのであるといふ結論がなされるやうに思へたからである。しかしながら聖書の文句を無視しまいとすれば、我々はイスラエル人たちが眞の聲を聞いたのであることを全然容認しないわけにはゆかぬ。何故なら、聖書は申命記五章四節に於てはつきりかう言つてゐるからである、「神汝らに顏をあはせて語り給ひ云々」と。これは恰も二人の人間が雙方の感覺機官を媒介としてその思想を傳へ合ふ場合の態度である。この故に神が實際に或聲を創造し、その聲に依つて自ら十誡を啓示したのだと認めるのが聖書に忠實な所以に思はれる。尙ほ出埃及記の個所の言葉と意味とが申命記の個所の言葉と意味と違つてゐる理由については第八章を見よ。とは言へ然し、かうしたことに依つて難點が全部除去されるわけではない。何となれば他のすべての被造物と同樣に神に依存してゐる一被造物〔聲〕が自己の資格に於て神の本質乃至存在を實際的に或は言葉に依つて表現し說明し得るといふことを容認するのは少からず理性に矛盾するやうに見えるからである。といふのは、さうした被造物〔聲〕が一人稱で、「我は汝の神エホバなり云々」と言つたといふのであるから。尤も或人が口で、「余はそれを理解した」といふ場合は、誰も口が理解したとは考へずむしろそれを言ふ人間の精神が理解したのだとのみ考へる。これは口がそれを言ふ人間の本性に屬してゐるからであり、又それを聞く人間が理解の何たるかを知り相手の人間の語る意味を自分と比較して容易に理解するからである。然るにイスラエル人たちは神についてこれまで名前以外の何ものをも知らなかつたのであり、彼等は神の存在を確かめるために神そのものと語ることを欲してゐたのであつた。かうした彼らの願望が如何にして一被造物(神に對して他のすべての被造物以上に密接な關係を持たず又神の本性に屬しないところの)の「我は神なり」といふ言葉に依つて滿足され得たのかを余は知らないのである。敢へて問ふ、若し神がモーゼの唇——否モーゼのと言ふ必要はない、任意の動物の唇でも構はない、——を動かして「我は神なり」といふ言葉を發音させたとしたら、彼らはそれで神の存在を確信したであらうか。その上聖書は、神自身が語つた(この目的の爲に神は天からシナイ山の上に降りて來た)といふこと、又ユダヤ人たちが神の語るのを聞いたばかりではなく長老たちは神を見さへもした(出埃及記二十四章參照)といふこと、さうしたことを言明してゐるやうに見える。更に又モーゼに啓示された律法——それは一語を加へることも一語を除くことも許されなかつたものであり、且つ國法として建てられたものであつた——は神が非形體的であるといふことを、又は神が何らかの像なり姿體なりを持つてゐないといふことを、我々に信ぜしめる何らの規定をも含んでゐない。律法はたゞ神が存在すること、神を信ずべきこと、そしてその神をのみ禮拜すべきことを教へてゐるに過ぎない。又神の禮拜から遠ざからない爲に神に對して何らかの像を空想したり、さうした像を彫んだりしてはならぬことを教へてゐるに過ぎない。これは、彼らは神の像を見たことがないのだから神を再現する像を彫むことが出來ず、神の像を彫めば必然的に彼らの見たことのある他の被造物の像になり、從つてこの像に依つて神を禮拜する場合は神をではなしにその像が再現する被造物を考へることになり、かくて遂には神にふさはしい尊敬と禮拜とをさうした物に獻げるやうになるからである。以上に止まらず聖書は又神が姿體を有すること、モーゼは神が語るのを聞いた時にその姿體を見たこと、然し神の背面をしか見ることが出來なかつたこと、さうしたことをさへ明言してゐる。(九)故に余はここに或祕義が潛んでゐるのであることを疑はない。これについては後で一層詳しく述べるであらう。ここでは余は、神がその決定を人間に啓示するに用ひた諸手段について書かれてある聖書の個所を更に追求することにする。

啓示が時に像に依つてのみ行はれたことは歴代志略上の二十一章から明らかであ

る。其處で神は、手に劒を握つた天使に依つてダビテに彼の怒りを示してゐる。これはバラムの場合（一〇）も同様であつた。マイモニデス（一一）や他の人々はこの物語（並びに天使が出てくるすべての物語、例へばマノアのそれ（一二）、又アブラハムが子供を犧牲に獻げねばならぬと考へた場合（一三）のそれなど）を夢の中で起つたことと主張し、誰しも開いた眼で天使を見ることが出來まいと言つてゐるが、これは單なる饒舌にすぎない。實にそれは、アリストテレス流の夢想と彼ら自身の想像とを生かすために聖書の文句を歪曲せんとしたものに外ならぬのであつて、余にはこれほど可笑しな企てはないやうに思はれる。

これに反して神はヨセフに對し、未來に於けるヨセフの支配權を、實際の像に依つてではなく單に預言者の表象力からのみ生れる影像に依つて啓示した（一四）。

神は又ヨシュアに對して、神自らがイスラエル人たちの爲に戰ふべきことを像と言葉とに依つて啓示した（一五）。即ち神は、劒を持つ天使を軍隊の將としてヨシュアに見せ、又このことを言葉に依つてもヨシュアに啓示しようとし、天使を通してそれをヨシュアに聞かせたのであつた。イザヤに對しても（六章に語られてゐる通り）神の攝理が民を見捨ててゐることが形象に依つて示された。即ちイザヤは、高い玉座の上の聖にして聖にして又聖なる神を、併せて又諸〻の罪に汚れ、いはば穢土の中にまみれてゐる・從つてまた神から遙かに離れてゐるイスラエル人たちを、表象の中に見たのであつた。これに依つて彼は極めて慘めな民の現狀を理解したのである。だが民の將來の不幸は、神から發せられたかに見える言葉に依つて彼に啓示された。尙ほ余はかうした例を聖書からまだ多數擧げることは出來る。しかしそれらはすべての人々の充分知つてゐることと思ふから措かう。

　だがこれら一切は民數紀略十二章六節及び七節の文句から一層明瞭に確かめられる。其處にはかうある、「若し汝らの中に神の預言者あらば我異象《ウィシオ》に於て我をこれに知らしめ（卽ち形象と謎に依つての意。何故ならモーゼの預言について神は謎を伴はぬ異象を云々してゐるから）、又は夢に於てこれに語らん（卽ち實際の言葉と眞實の聲に依つてではなく）。モーゼに對しては然らず（我を知らせるにさうした手段には依らない）。彼には口をもて相語り、異象に依れども謎に依らず。彼はまた神の像を見るなり。」卽ち彼は我を友として見、我と恐るることなく語る――出埃及記三十三章十一節にあるやうに――の意である。この故に他の預言者たちが眞實の聲を聞かなかつたことは疑ひないところである。これは尙ほ申命記三十四章十節から一層確かめられる。其處にはかうある、「イスラエルの中にはこの後モーゼの如き預言者あらざりき（正しくは、出でざりき）。モーゼは神が顔をあはせて知り給へる者なりき。」これは確かに聲のことにのみ解されねばならぬ。何故といふにモーゼ自身も決して神の顔は見なかつたのであるから（出埃及記三十三章）。

以上の諸手段の外には神が自らを人間に傳へる爲の何等の手段をも余は聖書の中に見出さない。從つて我々は、先に立てた原則に依り、さうした他の手段を虚構したり容認したりしてはならぬ。尤も我々は神が直接的に自らを人間に傳へ得ることを明らかに知つてゐる。何故なら神は何ら有形的な手段を用ひることなしに我々の精神に彼の本質を傳へてゐるのだから。ではあるが人間が我々の認識の根本的基礎の中に含まれてゐないやうな事柄又さうした基礎から導き出され得ないやうな事柄を單に精神のみを以て把握し得る爲にはその人間の精神は必然的に一般人間の精神より遙かに卓越した・遙かに優秀なものでなければならぬ。だから余はキリストを除く如何なる人間も他の人間を超越するさうした完全性にまで到達したとは信じない。このキリストに對しては、人々を福祉へ導く神の敎へが言葉又は影像に依らずに却つて直接的に啓示された。かくて神は自らをキリストの精神を通して使徒達に示したのである、嘗て神が自らを空中からの聲を媒介としてモーゼに示したやうに。この故にキリストの聲はモーゼが聞いたそれと同様に神の聲と呼ばれ得る。(十六)そしてこの意味に於て又我々は、神の智慧卽ち人間のそれを超越する智慧がキリストに於て人間性をまとつたと言ひ得るし、又キリストは福祉への道であつたと言ひ得る。

然しここに斷つて置かねばならぬのは、余は決して若干の敎會がキリストについて說いてゐる事柄に關して語つてゐるのでなく、又その說を否定してゐるのでもないといふことである。むしろ余はさうしたことに關しては何も知らぬことを進んで告白する。(十七)余が今しがた斷定したことどもは聖書そのものから推論されるのである。事實余は、神がキリストに現はれたり語つたりしたことを何處でも讀んでをらぬ。たゞ神がキリストを通して使徒たちに自らを示したこと、キリストは福祉への道であること、(十八)最後に又古い律法は神から直接的に傳へられたのではなく天使を通して傳へられたのであること等々を讀んでゐるに過ぎぬ。故に若しモーゼが神と顏を合せて語ること恰も人がその友と語る(卽ち雙方の感覺機官を通して)如くであつた(十九)とすれば、キリストは精神對精神で神と交はつたのである。

かくて我々はかう主張する、キリストの外には誰もが表象力の助けに依つてのみ、卽ち言葉や影像の助けに依つてのみ神の啓示を受けとつたのであり、從つて又預言する爲に必要なのはより完全な精神ではなくてより活潑な表象力なのである、と。(二十)このことを余は次章に於て一層明瞭に示すであらう。ここでは聖書が神の靈といふことをどう解してゐるか、――神の靈は預言者に降り・又預言者は神の靈に依つて語るとされたその神の靈といふことをどう解してゐるか、それを探究せねばならぬ。この爲には一般に「靈」と譯されてゐるヘブライ語の ruagh といふ言葉が何を意味するかをまづ以て調べなくてはならぬ。(二十二)

ruagh といふ言葉の本來の意味は周知の如く風といふことである。然しそれはこの意味から派生する他の多くの意味に極めて屢〻用ひられる。第一に氣息《いき》といふ意味に用ひられる。例へば詩篇百三十五篇十七節に、「またその口に靈あることなし」とあるが如きである。第二に活力又は呼吸の意味である。例へばサムエル前書三十章十二節に、「靈また彼に戻りぬ」とあるが如きであつて、これは彼が再び呼吸を始めたといふことである。これから第三に勇氣とか力とかの意味に用ひられる。例へばヨシュア記二章十一節に、「これより人々に靈失《う》せたり」とあるが如きである。又エゼキエル書の二章二節に、「我に靈(卽ち力)來りて我を立ち上らしむ」とあるのも同様である。これからして第四に能力とか適應性とかの意味に用ひられる。例へばヨブ記三十二章八節に、「げに人の裡なる靈こそそれなれ」とある如きである。これは智慧はあながち老年者にのみ求めらるべきでない、自分の今見るところではむしろ智慧は人それぞれの能力と適應性に係つてゐる、といふ意味である。民數紀略二十七章十八節に、「靈具はりし人」とあるのも同様である。更に第五に心の判斷の意味に用ひられる。例へば民數紀略十四章二十四節に、「彼はその靈異なりたれば」とあるが如きである。卽ち異なる判斷、異なる意向といふことである。同様に箴言一章二十三節にも、「我汝らに我が靈（卽ち意向）を語らん」とある。又この意味に於てそれは意志或は決定、欲望、心の昂奮を示すにも用ひられる。例へばエゼキエル書一章十二節に、「靈（卽ち意志）の行かんとする方へ彼ら行けり」とあるが如きである。同様にイザヤ書三十章一節にも、「彼ら彈藥を作れども我が靈に從はず」とある。又二十九章十節には、「神酣睡《うまひ》の靈（卽ち欲望）を汝らの上に注ぎ給ひしかば」とある。又士師記八章三節に、「かくて彼らの靈（卽ち昂奮）鎭まりぬ」とある。同様に又箴言十六章三十二節にも、「己の靈（卽ち欲望）を治むる者は城を攻め取る者に勝る」とある。同じく二十五章二十八節にも、「己れの靈を抑へざる者」とある。又イザヤ書三十三章十一節に「汝らの靈は火となりて汝らを食ひつくさん」とある。更に又この ruagh といふ言葉は、心を意味する限りに於て、心のすべての動き又心の性質を表現するに用ひられる。例へば、「高き靈」は高慢を意味し、「低き靈」は謙遜を意味し、「惡しき靈」は憎みと憂鬱を、「善き靈」は善意を意味する。又「嫉妬の靈」「姦淫の靈（卽ち欲望）」とも言ふ。又「智慧の靈」「愼重の靈」「剛毅の靈」とも言ふ、これは（ヘブライ語では形容詞よりも名詞をよく用ひるから）智き心、愼しき心、毅き心のことであり、或は智慧の德、愼重の德、剛毅の德のことである。又「好意の靈」等とも言ひ、その他色々に言つてゐる。第六に精神そのもの或は生命そのものを意味する。例へば傳道之書三章十九節（二十二）に、「靈（卽ち生命）はすべてのものに於て皆同じ」とあり、又同書十二章七節に、「靈、神に歸るべし」とあるが如きである。最後に第七に方位（東西南北）を意味し（其處から吹いて來る風の故に）、又すべての物の外側（それは諸方位（東西南北）に向いてゐるから）を意味する。これはエゼキエル書三十七章九節及び四十二章十六・十七・十八・十九節等を見よ。

次に注意すべきは、或物が神に關係させられて神の何々であると言はれるのは次の諸理由に依るといふことである。第一にその物が神の本性に屬しいはば神の一部分であるからである。例へば「神の力」「神の目」等言ふ場合である。第二にその物が神の力の中にあり且つ神の指圖に從つて行動するからである。かくて聖書に於ては天は「神の天」と呼ばれる。天は神の車であり、神の住所であるからである。又アッシリアは神の笞と呼ばれ、ネブカトネザルは神の僕と呼ばれるなどである。第三にその物が神に獻げられてゐるからである。例へば、「神の宮」「神のナザレ人」「神のパン」等々の如きである。第四にはそのことが自然的光明に依つて示されたのでなくて預言者を通して傳へられたからである。この故にモーゼの律法は神の法と呼ばれる。第五に或物が〔何事かに關して〕極めて高い程度にあることを表現するためである。例へば、「神の山」と言へば極めて高い山のことであり、「神の眠り」といへば極めて深い眠りのことである。アモス書四章十一節もこの意味に於て解されねばならぬ。其處で神は自らかう言つてゐる、「神の破滅ソドムとゴモラを〔滅ぼし〕如く我汝らを滅しぬ」と。これはあの記憶すべき破滅といふ程の意味である。何故なら神が自ら語つてゐるのだからこの外には適當な解釋のしやうがないのである。ソロモンの自然的智慧も亦神の智慧と呼ばれる。神の如き智慧、即ち世の常ならぬ智慧の謂である。詩篇の中でも亦「神の杉」といふことが言はれてゐるが、これはその杉の並々ならぬ大きさを表現する爲である。サムエル前書十一章七節に於ては極めて大なる恐怖を現はすために「神の恐れ民の上に下りぬ」とある。尙ほこの意味に於て、凡そユダヤ人たちの把握力を越えた事柄、又そのものの自然的原因が當時は分らなかつたやうな事柄は皆神に關係させられるのが常であつた。だから嵐は「神の叱責」と呼ばれ、雷鳴と電光は「神の矢」と呼ばれた（事實彼らは神が風を洞窟――これを彼らは神の寶庫と呼んだ――の中に閉ぢ込めて藏つて置くものと考へた、この考へ方に於て彼らが異教徒たちと異なる點はたゞ、風の支配者をアイオルスではなく神であると信じてゐた點だけであつた）。又この理由から奇蹟は神の業《わざ》と呼ばれる。卽ち驚歎すべき業の謂である。一體ならむしろすべての自然的なものこそ神の業であり、さうしたものこそ神の力に依つてのみ存在し行動するのであるのに。尙ほ又この意味に於て詩篇作家（ダビテ）はエヂプトに於ける諸奇蹟を神の力と呼んでゐる。それらの奇蹟は、さうしたことを思ひ設けなかつたヘブライ人たちに對し極度の危機に際して救の道を開き、かくて彼らはこれをひどく驚歎したからである。

かくの如く、常ならぬ自然の業が神の業と呼ばれ、常ならぬ大いさの木が神の木と呼ばれるのであつて見れば、創世記の中に於て、極めて強い極めて大きな人間たちが、それが不信心な盗人であり姦淫者であるに拘はらず神の子と呼ばれてゐるの(二十三)も少しも不思議でなくなる。古人は凡そ人が依つて以て他の人々を凌駕する所以のものを何でも神に關係せしめるのが習ひであり、これはひとりユダヤ人に止まらず異教徒たちもさうであつた。例へばパロは夢判斷を聞いてヨセフには神々の靈が宿つてゐると(二十四)いひ、又ネブカトネザルはダニエルに汝は聖なる神々の靈を持つてゐると言つてゐる。(二十五)ローマ人たちに在つてさへもかうしたことが極めて普通に行はれた。例へば精巧に作られた品がある場合、それを彼らは神の如き手に依つて作られたといふやうな表現をする。これを若しヘブライ語に直さうとすれば、「神の手もて作られた」と言はねばならぬ。ヘブライ語學者たちの誰でも知つてゐるやうに。

以上に依つて、神の靈といふことが出て來る聖書の諸個所が容易に理解され、說明され得る。卽ち「神の靈」又は「エホバの靈」とは或場所では極めて激しい、極めて乾燥した、物凄い風を意味するに外ならない。例へばイザヤ書四十章七節に「エホバの靈その上を吹けり」とあるのは極めて乾燥した物凄い風のことである。

又創世記一章二節に、「神の靈（卽ち極めて强い風）水の上に動けり」とあるのもそれである。次にこの語は大なる勇氣を意味する。例へばギデオンとサムソンの勇氣は聖書の中で「神の靈」と呼ばれてゐるが、これは最も大膽な、何物にもめげぬ勇氣のことである。このやうにして又常ならぬ德或は力は凡て「神の靈」若しくは「神の德」と呼ばれる。例へば出埃及記三十一章三節に「我彼を（卽ちベザレルを）神の靈もて充たさん」とあるが、これは（聖書自身が說明してゐる如く）人間の程度を越えた能力と技巧のことである。同樣に又イザヤ書十一章二節には「神の靈彼の上に安らはん」とあるが、これは預言者自身が聖書の中でよく行はれるやり方に從ひ後で詳しく說明してゐる通り、智慧の德、愼重の德、剛毅の德などのことである。かくて又サウルの憂鬱は「神の惡しき靈」と呼ばれてをり、これは極めて深い憂鬱のことである。何故といふに、サウルの憂鬱を神の憂鬱と名附けたサウルの下僕共はサウルに勸めて或音樂家を呼んでこれに琴を奏でさせてサウルを慰めようとしたのであるが、このことからみて、サウルの下僕共は「神の憂鬱」といふ表現を以て生理的憂鬱を意味したこと明らかだからである。次に「神の靈」とは人間の精神そのもの或は人間の生命そのものを意味する。例へばヨブ記二十七章三節に「神の靈我が鼻にあり」とあるが如きであつて、これは創世記の中に神が人間の鼻を通して生命の息を吹き込んだ(二十六)とあるのに呼應する。又エゼキエルはエゼキエル書三十七章十四節に於て、死せる骨どもに預言しつつ、「我汝等に我が靈を與へ、かくて汝ら生きん」と言つてゐる。これは我汝らに再び生命を與へんの意味である。又この意味に於てヨブ記三十四章十四節にはかう書いてゐる、「若し彼（即ち神）欲し給はば、彼は彼の靈（即ち彼が我々に與へた精神）と彼の生命とを自らに回收し給ふべし」と。又創世記六章三節もこのやうにして解される。曰く、「我が靈はもはや人の裡に働かじ（即ち決定力を持つまい）。そは彼は肉なればなり」と。これは、今後人間は自分が人間に善を識別する爲に與へた精神の決定に依つては行動せず肉の決定に依つて行動するであらうといふのである。詩篇五十一篇十二節及び十三節に、「神よ、我が爲に潔き心を作り、我が裡に相應しき（即ち程よき）靈（即ち欲望）を新たに起し給へ。我を御前より捨て給ふ勿れ。汝の聖なる靈を我より取り給ふこと勿れ」とあるのも同様である。人々の信じてゐたところに依れば、罪は專ら肉からのみ生じ、これに反して精神は善きことをのみ勸める。だから詩篇作家は肉に屬《つ》ける欲望に對しては神の援助を願ひ、これに反して聖なる神から彼に與へられた精神は神に依つて之を維持せんことをひたすら祈つてゐるのである。――さて又聖書は一般民衆の理解力の弱さを考慮に入れて神を人間のやうに描き、神が精神、心、感情、更には又身體、氣息をも有するものとしてゐる。故に聖書に於ては「神の靈」といふ語が屢〻神の精神、神の心、神の感情、神の力、神の氣息のことに用ひられる。例へばイザヤ書四十章十三節には「誰か神の靈（卽ち精神）を導きし」とあるが、之は神自身以外の誰が神の精神をして或ことを意欲すべく決定したであらうかといふのである。又その六十三章十節には、「彼らは神の聖なる靈を痛ましめ悲しましめぬ」とある。又これからしてこの語は通常モーゼの律法のことに用ひられるに至つてゐる。モーゼの律法はいはば神の精神を說明したものだからである。例へばイザヤ自身同章十一節に、「彼らの中に神の聖なる靈を置きし者は何處にありや」と言つてゐるが、これがモーゼの律法を意味することはその物語の前後から明らかに歸結される。又ネヘミヤは九章二十節に於て、「汝は汝の善き靈（卽ち精神）を彼らに與へて彼らを智くならしめ給へり」と言つてゐる。彼は律法の時代のことを語つてゐるのである。又これは申命記四章六節と呼應する。其處でモーゼは、「これ（卽ち律法）は汝らの智慧、汝らの聰明《さとり》なり云々」と言つてゐるのである。同樣に又詩篇百四十三篇十節に「汝の善き靈我を平らかなる國へ導き給へ」とあるが、これは我々に啓示された汝の精神が我を正しき道へ導き給はんことをといふことである。又「神の靈」といふ言葉は、既に言つたやうに、神の氣息をも意味する。聖書に於て神は――不當にも――精神、心、身體と同樣に氣息をも持つものとされてゐるのである、詩篇三十三篇六節に於けるが如く。次にこの語は神の力、權力、或は能力を意味する。例へばヨブ記三十三章四節に「神の靈我を作れり」とあるが如きであつて、これは神の能力或は力のことであり、或は又神の決意のことであると言つてもよいであらう。事實詩篇作家は又詩的表現に依つて「もろもろの天は神の指圖に依りて成り、天の萬軍は神の靈(卽ち氣息)によりて作られたり」(二十七)と言つてをり、これはいはば一息を以て宣せられた神の決意に依つての意だからである。同樣に詩篇百三十九篇七節には「我何處に行きて汝の靈を離れんや、我何處に行きて汝の御前を逃れんや」とあるが、これは(詩篇作家自身が敷衍してゐるところから明らかな如く)我は何處へ行けばとて汝の力の及ばない所、汝の居らぬ所へ行くことが出來ようかと言ふのである。最後に「神の靈」は聖書では神の感情を、卽ち神の恩惠と慈悲とを表現する爲に用ひられる。例へばミカ書二章七節に、「神の靈(卽ち神の慈悲)狹からんや、斯くの如き（かくの如き慘虐の行ひ）が神の業ならんや」とある如きである。同様にゼカリヤ書四章六節には「これ軍勢に由らず、力に由らず、たゞ我が靈に由るなり」とあり、之はたゞ我が慈悲にのみ由るの謂である。又同じくゼカリヤ書七章十二節もこの意味で解さるべきものと余は考へる。曰く、「彼らはその心を固くし、神がその靈をもて（即ちその慈悲を以て）已往《さき》の預言者たちに依りて傳へ給ひし律法と誡命に聽き從はざりき」。尙ほハガイ書二章五節に、「我が靈（即ち我が恩寵）汝らの中に留まれり。恐るる勿れ」とあるのもこの意味に於てである。だがイザヤ書四十八章十六節に「今主なる神とその靈我を遣はし給へり」とあるのは、神の心、神の慈悲の意味にも解されるし、また律法の中に啓示された神の精神の意味にも解される。即ち、イザヤの言を借りれば、「我始めより（即ち神の怒りと汝らに對して下されたる神の宣告とを汝らに告げる爲に汝らのもとに始めて來た時から）密かに語りしにあらず、その（宣告を下されたる）時より我は在りき（彼自身七章で證してゐるやうに）。」しかるに今や我は喜ばしき使者であり、汝らの救濟を告げる爲に神の慈悲に依つて遣はされてゐるのであるといふのである。然しこれは、今も言つたやうに、律法の中に啓示された神の精神の意味にも、即ち彼は既に律法の命令——利未記十九章十七節——

に従つて彼らを戒むべく來たといふ意味にも解される。この故に彼はモーゼが爲すを常としたと同じ條件、同じ方法に於て彼らを戒めてをり、そして最後はやはり、モーゼがしたと同じやうに、彼らの救濟を告げることに終つてゐる。しかし初めの解釋の方が余には一層適當に思はれる。

さて我々の論題に立ち歸るに、以上のすべてから、聖書に出てくる次のやうな表現、卽ち「預言者は神の靈を有してゐた」「神はその靈を人間に降し給うた」「人間が神の靈又は聖靈に滿たされた」等々の表現の意味が極めて明白になる。これらの表現は要するに預言者たちが特別な・普通以上の德を持つてゐたといふこと(二十八)、又異常の操守を以て敬虔を實踐したといふことに外ならない。更に又彼らは神の精神或は神の思想を把握したといふことに外ならない。何故なら、我々の示したやうに、靈とはヘブライ語では精神並びに精神の思想を意味するのであり、又この故に律法そのものも神の精神を說明してゐる廉に依り神の靈又は神の精神と呼ばれるからである。故に預言者たちの表象力も、神の諸決定がそれを通して啓示された限りに於て、やはり同等の權利を以て神の精神と呼ばれ得たのであり、又預言者たちは神の精神を持つてゐたといはれ得たのである。尤も神の精神並びに神の永遠なる諸思想は我々の精神にも書き込まれてをり、従って我々も亦（聖書流に言へば）神の精神を把握してゐるのではある。ではあるが自然的認識はすべての人間に共通してゐるから、それは既に述べたやうに、人々からあまり尊重されぬし、殊にヘブライ人たちからは尊重されなかつた。ヘブライ人たちは自らをすべての人間の上に位するものと自負し、のみならずすべての人間を、従つて又すべての人間に共通してゐる知識を軽蔑するのが常であつたからである。最後に又預言者たちが神の靈を有すると言はれたのは次の理由からでもある。即ち、人間は預言的認識の依つて來る所以を知らなかつたのでこれに驚歎し、その故にこれを他のすべての不思議なものと同様に神に歸し、神の認識と呼ぶを常としたのである。

今や我々は遲疑することなく主張し得る、預言者たちは神の啓示を表象力の助けを借りてのみ把握したのだ、換言すれば、言葉或は像――それらが眞實なものであると單に表象的なものであるとを問はず――の媒介に依つてのみ把握したのだ、と。事實、我々は聖書の中にこれ以外の他の手段は見出さないのであるから、先にも説いたやうに、これ以外の他の手段を虚構することは我々に許されないのである。若しそれさうした啓示が自然の如何なる法則に依つて生じたかに至つては余はそれを知らぬことを自白する。勿論余も、他の人々のやうに、それが神の力に依つて生じたのだと言ふことは出來る。しかしそれは虚しい言葉にすぎないであらう。何故なら、それは或個物の形相を説明するのに超絶的名辭(二十九)を以てしようとするに異ならないからである。蓋し一切は神の力に依つて生ずる。のみならず自然の力は神の力そのものに外ならないのであるから、我々は自然的原因を知らない限りに於て神の力を理解してゐないのであることが確かである。だから我々が或事柄の自然的原因即ち神の力そのものを知らないのにその神の力へ逃げ込まうとするのは愚かなわざである。とはいへ我々にとつては預言的認識の原因を知ることは必要でもない。何故なら、既に注意したやうに、我々はここではたゞ聖書の記録を吟味し、その記録から、恰も與へられた自然的事實からの如く我々の結論を引き出さうと試みるまでであつて、記録の依つて來る原因はしばらくこれを問はないのだからである。

斯くの如く、預言者たちは神の啓示を表象力の助けに依つてのみ把握したのであるから、彼らが知性の限界を越える多くの事柄を把握したのも怪しむに足りない。何故なら、我々の自然的認識全體が依つて立つ諸原理と諸概念とだけからよりも言葉と像とからは遥かに多くの觀念が構成され得るからである。

更に、何故預言者たちが殆どすべての事を比喩や謎の形で把握したり敎へたりしたか、又何故すべての靈的なものを形象的に表現したかが明らかになる。蓋しかうしたことは皆表象力の本性とよく調和するからである。又今となつて我々は、何故聖書或は預言者たちが神の靈や神の精神についてあのやうに不適確な乃至は曖昧な語り方をしてゐる――民數紀略十一章十七節、列王紀略上二十二章二十一節等々の如く――かを怪しまぬであらう。又ミカヤは神を坐つてゐる者として、（三十）ダニエルはこれを白い着物を着た老人として、（三十一）エゼキエルはこれを火のやうなものとして見た（三十二）こと、又キリストの側に居た者たちは聖靈を天から降る鳩として、（三十三）使徒たちはこれを火の如き舌として、（三十四）最後に、パウロは回心に際してこれを大きな光として（三十五）見たことを我々は不思議に思はないであらう。何故なら、これらの幻影は神並びに諸靈に關する通俗の表象像と全く調和するからである。

　最後に表象力は漠然とした不安定なものであるから、その故に預言者たちは、預言の才能を長く持ちつゞけることが出來なかつた。又預言は屢〻行はれずむしろ極めて稀にのみ行はれた。即ち預言は僅少の人々にのみ出來たことであり、又それらの人々にあつても極く稀にしか出來なかつたのである。（三十六）

それはそれとして、一體預言者たちは、精神の確實な諸原理に依つてではなく單に表象力のみに依つて把握した事柄に關する確實性を、どこから摑み取り得たのであるか、それを我々は今や探究せねばならぬ。しかしかうしたことに關して言はれ得る一切は聖書そのものの中から求められねばならぬ。我々はかうした事柄に關しては（既に言つたやうに）眞實の知識を持つてゐないし、又それをそのものの第一原因から說明することが出來ないからである。ところで、聖書が預言者の持つ確實性に關して何を敎へてゐるかについては、余は預言者について論ずることになつてゐる次章に於て之を示すであらう。

第二章

預言者について

前章からして、——既に注意したやうに、——預言者たちは何も人より完全な精神を持つてゐたわけではなく、たゞ活潑な表象能力を持つてゐただけであるといふことが歸結される。これは聖書に出てくる諸〻の物語からも明らかに知られる。例へばソロモンは、周知の如く、智慧にかけては他の人々に卓越してゐたが、預言的才能に於て卓越してゐたわけでなかつた。かの賢明なヘマン(一)、ダルダ(二)、カルコル(三)等も預言者ではなかつた。之に反して何ら教養のない農夫の如きに預言者があつた。否、單純な女性——アブラハムの婢ハガル(四)の如き——にさへ預言的才能が與へられてゐた。かうしたことは經驗や道理とも合致する。何故なら、表象力の極めて旺盛な者は純粹な知性的認識にはあまり適當しないし、これに反して、知性に勝れ知性に充分磨きがかけられた者は程々な・控へ目な表象能力を持つのみであり、いはば表象能力を抑制してそれが知性と混同されぬやうにすると言つた有様である。だから自然的並びに靈的な事柄に關する智慧と認識とを預言者の書の中に求めようとする者は全然道を誤つてゐるのである。このことを余は時代、哲學、そして最後に事柄自身がそれを要求するまゝに、ここで詳しく示さうと決心した。迷信が何をがなり立てようとも顧慮することなしに。迷信は元來眞の學問・眞の生活を尊敬する者を何よりも憎むのであるから。噫！　遺憾ながら現在の事態は、神について何らの觀念をも有しないと公言する人々、神を被造物（その被造物の原因を彼らは知らないのに）に依つてのみ認識すると公言する人々が、哲學者に無神論の非難を浴びせて恬として恥ぢないといふところまで至つてゐる。

だが問題を秩序立てて取り扱ふために、余は、預言なるものが個々の預言者の表象力や氣質に應じて相違したばかりでなく預言者が抱いてゐた思想に應じても相違したこと、從つてまた預言は決して預言者をより賢くしたわけでないこと、さうしたことを示さう。これを余は直ちに詳細に説明しようと思ふのであるが、その前に余は、預言者の持つ確實性についてここに論じたい。一つにはそれが本章の主題と關聯を持つからであり、一つには又それが余のなさんと欲する證明に寄與するところが多いからである。

單なる表象力は、その本性上、一切の明瞭且つ判然たる觀念の如く確實性を自らの中に含まぬのであり、むしろ我々が表象された事物に關して確實性を持ち得るためには表象力に對し必然的に或もの――即ち理性的判斷――が加はらねばならぬのであるから、この結論として、預言はそれ自身に於ては何らの確實性を內に含み得ない。既に示した如く、預言は單に表象力にのみ依存してゐたのであるから。そしてこの故に、預言者たちが神の啓示に關して確實性を持つたのは、啓示そのものに依つてではなくて、何らかの徵證《しるし》に依つたのである。之はアブラハムの例（創世記十五章八節參照）から明らかである。アブラハムは神の約束を聞いて徵證《しるし》を求めた。勿論彼は神を信じてゐたのであり、何も徵證《しるし》を求めてそれに依つて神を信じようとしたのではない、たゞ本當に神がそれを約束したのかどうかを知らうとしたのである。同樣のことがギデオンの例から一層明らかになる。ギデオンは神に、「我と語る者の汝なることを（知るべき）徵證《しるし》を見せたまへ」と言つてゐる、士師記六章十七節參照。モーゼに對してさへも神は、「これはわが汝を遣はせる徵證（たるべし）」（五）と言つてゐる。ヒゼキヤは久しい前からイザヤが預言者であることを知つてゐたのであるが、それにも拘はらずイザヤが彼の病氣快復を預言した時にその預言の徴證を求めてゐる。(六) これらの事どもは、預言者たちは預言的に表象した事柄に關して確實性を抱き得べき何らかの徴證を常に持つてゐたといふことを證明する。そしてこの故にモーゼは、ユダヤ人たちに、預言者から徴證――即ち預言された事柄の成就――を要求するやうに注意してゐる(申命記十八章終節參照)。だから預言はこの點に於て自然的認識に一籌を輸する。自然的認識は何らの徴證を要せず、却つてその本性上確實性を自らの中に含むからである。それにこの預言的確實性は數學的確實性ではなくて單に心性的確實性(七)に過ぎなかつた。これは聖書自身から知られる。即ち申命記十三章に於てモーゼは、若し或預言者が新しい神々を說かうとしたら、たとへその說を諸〻の徴證と奇蹟とに依つて確證するとしても、その預言者は殺されねばならぬことを注意してゐる。事實モーゼ自ら續けて言ふやうに、神は民を試みるために徴證と奇蹟とを示すことがあるからである。キリストも亦その弟子たちにこのことを注意してゐることはマタイ傳二十四章二十四節から明らかである。のみならずエゼキエル書十四章九節は、神が人間を時には誤れる啓示を以て欺くことを明瞭に教へてゐる。即ち彼は言ふ、「若し預言者(即ち惡しき預言者)欺かれて言葉を出すことあらば、われエホバその預言者を欺けるなり」と。かうしたことをミカヤ（列王紀略上二十二章二十三節參照）も亦アハブの預言者たちについて證言してゐる。

かゝることは預言並びに啓示が極めて疑はしいものであることを示すかに見えるけれども、然し預言や啓示は、既に言つたやうに、多分の確實性を持つてゐたのである。何故なら神は敬虔な者や選ばれた者を決して欺くことがない、むしろ神はあの古い諺（八）（サムエル前書二十四章十四節參照）に從つて、又アビガルの物語とアビガルの言葉とから明らかなやうに、敬虔な者をいはば自分の愛の道具として用ひ、不敬虔な者を自分の怒りの執行機關又は手段として用ひるからである。このことは又我々が今引用したミカヤの例からも極めて明らかに知られる。即ち神は、アハブを預言者に依つて欺かうと決心したとは言へ、そのためにたゞ惡しき預言者をのみ用ひ、これに反して敬虔な預言者には（九）在つたまゝの事實を啓示し、その者が眞實を預言するのを禁じなかつたからである。とは言へ、既に言つたやうに、預言者の持つ確實性は單に心性的なものに過ぎなかつた。何故なら何人も神の前に於て自分を正しいとしたり自分が神の愛の道具であることを誇つたりすることが出來ないからである。これは聖書自身が敎へてゐるところであるし、又事柄それ自體で明らかなことである。事實、神の怒りはダビテを迷はして民の數を數へしめてゐる。（十）ダビテの敬虔については聖書が充分證言してゐるのに。

　預言的全確實性はかくて次の三者の上に基礎づけられてゐた。一、預言者たちは啓示された事柄を極めて活潑に表象すること恰も我々が覺醒時に諸對象から觸發される場合の如くであつたこと。二、徵證。三、最後に、そして最も主要なことは、彼らの心情が正しきこと・善きことにのみ向けられてゐたことである。（十一）そして聖書は必ずしも常に徵證について云々してゐないけれども、人々は預言者が常に何らかの徵證を持つてゐたことを信じなければならぬ。思ふに聖書はあらゆる條件・あらゆる事情を常に語つてゐるわけではなく（多くの人々が既に注意したやうに）、むしろさうしたことを既知の事柄として前提してゐるからである。尙ほ又、何ら新しいことを預言するのでなく、單にモーゼの律法の中に含まれてゐる事柄をのみ預言した預言者たちは、何ら徵證を必要としなかつたのであることを我々は容認し得る。それらの事柄は律法に依つて確證されてゐたからである。例へば、エルサレムの破滅に關するエレミヤの（十二）預言は、他の預言者たちの預言並びに律法の威嚇に依つて確證されてゐたのであるから、それは何らの徵證を要しなかつた。然しすべての預言者に反して國家の急速な復興を預言したハナニヤは、必然的に徴證を必要とした。(十三)若し徴證がなければ彼は、自分の預言の成就に依つて自分の預言が確證されるまでは、その預言に關して疑ひを持たなければならなかつたであらう。エレミヤ記二十八章九節參照。

かくて預言者が徴證に依つて得た確實性は數學的確實性（卽ち把握された、或は見られた事柄の內容から必然的に生ずる確實性）ではなくて、單に心性的確實性に過ぎなかつたのであるから、そして又徴證は預言者を確信づけるためにのみ與へられたのであつたから、これからして、徴證は預言者の思想と能力とに應じて與へられたといふことが歸結される。從つて或預言者をその預言に關して確信づけた徴證が、思想を異にする他の預言者を少しも確信づけることが出來なかつた。この故に徴證は各〻の預言者に於て相違してゐた。同樣に又啓示そのものも、既に言つたやうに、各〻の預言者の氣質や表象能力の傾向に從ひ、又その預言者が前から抱いてゐた思想に應じて、相違してゐた。氣質に應じては次のやうに相違してゐた。例へば、預言者が快活な人間である場合は、勝利とか平和とかその他人々を喜ばせるやうなことが啓示された。快活な人間は好んでさうした種類のことを表象するからである。これに反して預言者が悲しめる人間であつた場合は、戰爭とか刑罰とかその他一切の不幸が啓示された。このやうにして、預言者が慈悲深くあつたり、愛想よくあつたり、怒りつぽかつたり、嚴格であつたりするに應じてその預言者はこの或はかの啓示を受けるに適當したのである。――尙ほ又表象力の傾向に應じては次のやうに相違してゐた。例へば、預言者が洗煉されてをれば洗煉された樣式で神の精神を把握したし、混亂した頭を持つてゐれば混亂して把握した。これは像に依つてなされた啓示に關しても同樣である。例へば、預言者が農夫であつた場合には牡牛や牝牛が現はれ、軍人であつた場合は將軍や軍勢が、最後に又廷臣であつた場合は玉座やその他さうした種類のものが現はれた。――終りに預言は預言者の思想の相違に應じて相違した。例へば、占星術の妄說を信じてゐた博士たちは東方に昇つた星の像に依つてキリスト誕生の啓示を得た（マタイ傳二章參照）。ネブカトネザルの卜官たちには（エゼキエル書二十一章二十一節參照）犧牲《いけにへ》に獻げられた動物の臟腑の中にエルサレムの滅亡が啓示されたし、同王〔ネブカトネザル〕はそのことを神託並びに空中高く投げた矢の方向に依つて知つた。次に人間が自由意志と自己の力とに依つて行動すると信じた預言者たちには、神は人間の行動に影響力を持たぬ者・人間の未來の行動について知識を持たぬ者として啓示された。これらすべてを余は一々聖書そのものから證明しよう。

第一のことはエリシヤの例から明らかである（列王紀略下三章十五節参照）。エリシヤはヨラムに預言するために樂器を求めた。エリシヤは樂器の音に依つて心を樂しませた後でなくては神の精神を把握することが出來なかつたのである。樂器の音で心を樂しませて初めて彼はヨラムとその仲間たちとに喜ばしきことを預言した。これを彼はその前には出來なかつたのである。彼は王（ヨラム）に對して怒つてゐたのだから。誰でも他人に對して怒つてゐる者はその人に關して悪いことは表象し得るがよいことは表象し得ない。若しそれ神は怒れる者・悲しめる者に對しては現はれないと主張する者があれば、（十四）その者は夢を見てゐるのである。何故なら神はパロに對して怒つてゐるモーゼに長子たちのあの痛ましい虐殺を啓示した（出埃及記十一章八節）からである、しかも何らの樂器も用ひることなしに。荒れ狂ふカインに對しても神は現はれた。怒りにいらいらしてゐるエゼキエルに對してはユダヤ人たちの不幸と頑迷が啓示された（エゼキエル書三章十四節参照）。又悲しみ深い、そして生の大きな倦怠に捉はれてゐたエレミヤはユダヤ人たちの上にふりかゝる諸艱難を預言した、それでヨシヤはエレミヤに相談することを欲せず、同時代の女預言者に相談した、その女預言者は女性としての性質の故に彼に神の慈悲を啓示するのにより適當したからである（歴代志略下三十四章參照）。ミカヤも亦アハブに對し、他の眞の預言者たちがなした（列王紀略上二十章から明らかな如く）とは異なり、決してよいことを預言せず、その生涯を通じて惡いことのみ預言した（列王紀略上二十二章八節、更に一層明瞭には歴代志略下十八章七節參照）。だから預言者たちは氣質が異なるに應じてこの或はかの啓示に適したのであつた。

次に預言の樣式は各〻の預言者の辯舌に應じて相違してゐた。エゼキエルやアモスの預言は、イザヤやナホムの預言のやうに洗煉された樣式ではなく、どちらかといへば粗野な樣式で書かれてゐる。ヘブライ語に通曉してゐる者でこれを念入りに觀察しようと欲する者があるならば、違つた預言者が同じ題材を取り扱つてゐる若干章を相互に比較して見るがよい。しからば彼は樣式に於ける大きな相違を認めるであらう。例へば、廷臣イザヤの一章十一節から二十節までを農夫アモスの五章二十一節から二十四節までと比較して見るがよい。又エレミヤが四十九章に於てエドムに關して述べてゐる預言の順序と思想とをオバデヤの順序と思想とに比較するがよい。更にはイザヤの四十章十九及び二十節、四十四章八節以下をホセアの八章六節、十三章二節と比較するがよい。かくてその外多くの個所について同様な比較が出來る。これらすべてをよく考慮するならば、神は説話に對する何ら特殊の様式を持たず、たゞ預言者の教養や能力に應じて或は洗煉されて或は簡潔に或は嚴格に或は粗野に或は詳細に或は曖昧に語つたのであるといふことが容易に判明する。

啓示の顯現や形象は同じことを意味した場合でもやはり相違してゐた。例へば、宮を去り行く神の榮光はイザヤに對する(十五)とエゼキエルに對する(十六)とでは違つて現はれた。律法博士《ラビ》たちは、兩方の顯現が全く同一のものであり、たゞエゼキエルは農夫としてそれを異常に驚いたのでそのためそれをあらゆる附隨的事情を加へて語つたのであると主張してゐるが、これは彼らがこのことに關して確實な傳承を持つてゐた――そんなことは決してあり得ないと余は信ずる――のでない限り全くの虚構である。何故なら、イザヤは六つの翼を持つセラフィムを見てゐるが、エゼキエルは四つの翼を持つ獸を見てゐる。又イザヤは神を、着物を着て玉座に坐つてゐる者として見てゐるが、エゼキエルは火の如きものとして見てゐる。兩者とも疑ひもなく神をその平常表象してゐたやうに見てゐるのである。

その上又顯現は單にその狀態に關してばかりでなくその明瞭度に關しても相違してゐた。ゼカリヤへの顯現は曖昧であつてゼカリヤ自身說明なしには理解することが出來なかつたことはその物語から明らかになつてゐる。ダニエルのそれに至つては說明されてもダニエル自身理解し得なかつた。これは啓示された事柄の困難さの爲ではなく(何故ならそれらは人間の事柄にのみ關したものであり、それが未來の事に亙らない限りは人間の能力の限界を越えないからである)、たゞダニエルの表象力が覺醒時と夢の中に於てとで預言に對する同等の働きを持たなかつたからである。このことはダニエルが啓示の初めに於てはいたく困惑し、殆ど自分の力について絕望してゐたほどであつたといふことから明瞭である。故に彼の表象力の弱さと力量不足との故に物が彼に極めて曖昧に顯示されたのであり、彼は說明されてもそれを理解し得なかつたのである。尙ほここに注意すべきは、ダニエルが聞いた言葉は(上に示した如く)單に表象的なものであつたといふことである。だから彼がその時困惑してさうしたすべての言葉を混亂して曖昧に表象し、後でその意味を何も知り得なかつたのも怪しむに足りない。若しそれ神はダニエルに物を明瞭に啓示することを欲しなかつたのだと說く者があるならば、それは天使の言葉を讀まなかつた者と言はねばならぬ。天使は明瞭に、「我末の日に汝の民に臨まんとするところのことを汝に曉《さと》らせんとて來れり」と言つてゐるからである（十章十四節參照）。故にそれらの事柄が曖昧に終つてゐるのは當時それを明瞭に啓示され得るほどの強い表象力を持つた者が居らなかつたからである。最後に、エリアを神が天へ取らうとすることを啓示された預言者のともがらが、エリアは何處かの山か谷かに放たれたのだとエリシアを強ひて說得し、あちこち探し尋ねたけれども見つけることが出來なかつたといふことなども、⁽十七⁾彼ら預言者のともがらが神の啓示を正しく理解しなかつたことの明瞭な證據である。しかしかうしたことどもをこれ以上くだくだしく說明する必要はない。何故なら神が或預言者には他の預言者よりも遙かに一層大きな預言への恩寵を與へたといふことは聖書から極めて明白になつてゐるのだから。これに反して余は預言乃至顯現が預言者たちの抱いてゐた思想に應じて相違したこと、並びに、預言者たちは違つた――否相反的でさへある――思想と違つた先入見とを持つてゐたこと（余は純粹に思辨的な事柄についてのみ言つてゐるのである。誠實や正しき行狀に關することについては全く別個に考へねばならぬから）、さうしたことは念入れて詳しく說くであらう。余はこの問題を重要であると考へる。何故なら、これから結局、預言は決して預言者をより賢くすることなく、むしろ預言者をしてその先入的思想に留まらしめたこと、従つて我々は純粋に思辨的な事柄に關しては彼らに信を置く義務が少しもないことが結論されるからである。

人々は一般に不思議なほどの性急さを以てかう思ひ込んで來た、預言者は人間の知性の達し得ることなら何でも知つてゐた、と。そして聖書の多くの個所が預言者は種々のことを知らなかつたことを我々に極めて明瞭に告げてゐるにも拘はらず、人々は預言者が何かを知らなかつたことを容認するよりは聖書のさうした個所が自分にはよく分らないと主張しようとするか、さもなくば人々は、聖書の言葉を歪曲して、聖書が全然言はうとしないところのことを聖書が言つてゐるやうにしようとする。全くのところこれらのどちらかでもが許されるなら聖書全體は臺なしになる。實際若し極めて明瞭な事柄を曖昧なこと・不可知的なことの中に數へたり、或はこれを勝手に解釋したりして差支へないものならば、我々が聖書から何事かを證明しようと試みるのは徒爾になるであらう。例へばヨシュアが——そして恐らくヨシュア記の作者も亦——太陽が地球の周りを運動しこれに反して地球は靜止してゐること、又太陽が一時運動を停止したこと、さうしたことを信じたことは聖書の中で極めて明らかになつてゐる。しかるに多くの人々は天に何らかの異變が生じ得ることを容認することを欲しないまゝに、聖書がさうしたことを言はなかつたかのやうにその個所を説明する。ところがもつと正しく哲學することを學んだ他の人々は、地球が運動して太陽は反對に靜止してゐること、即ち太陽は地球の周りを運動しないことを理解してゐるまゝに、聖書が明らかにその反對を言つてゐるに拘はらずさうしたことを無理やり聖書から絞り出さうとする。余はかうした人々のことを實に不思議に思ふ。敢へて問ふ、我々は軍人ヨシュアが天文學に通曉してゐたと信ぜねばならぬ義務があるであらうか。又奇蹟がヨシュアに示されたり或は太陽の光が平常よりも長い間水平線上に止まつたりするといふことはヨシュア(十八)がさうした現象の原因を理解してでなくては起り得なかつたと信ぜねばならぬ義務があるであらうか。余にはどちらの解釋も滑稽に思はれる。むしろ余は率直にかう言ひたい。ヨシュアは晝が長く續いた眞の原因を知らなかつたのだ、彼は彼の仲間たちと共に太陽が毎日地球の周りを運動すると考へ、又その日は太陽がしばらくの間運動を停止したと信じ、そしてこれが晝が長く續いたことの原因だと思つたのだ、そして彼は當時空中に漂うてゐた多量の霰（ヨシュア記十章十一節參照）に依つて異常に強い光線屈折が生じ得たでもあらうことや、或は我々が今こゝでは立ち入らない同様の他のことには考へが及ばなかつたのだ、とさう余は言ひたい。同様にイザヤに對しても亦〔日時計の上の〕日影の後戻りといふ徵證がイザヤの把握力に應じて、卽ち太陽の後戻りといふ概念に應じて、啓示された。(十九)蓋しイザヤも亦太陽が運動して地球が靜止してゐると考へたからである。そして彼は幻日などいふことは恐らく夢にも考へなかつたのである。我々は何の躊躇もなくさう想定し得る。何故ならイザヤがたとへその眞の原因を知らなくても徵證は事實に於て生じ得たのであり、又イザヤはそれを王に預言し得たのであるから。ソロモンの神殿造營についても、若しそれが神から啓示されたものであるならば、やはり同様のことが言はれ得る。卽ちその造營物のすべての尺度はソロモンの把握力と思想とに應じてソロモンに啓示されたのであつた。蓋し我々はソロモンが數學家であつたと信ぜねばならぬ義務がないから、我々は彼が、圓の周邊と直徑との正しき比を知らず、勞働者の群と共にそれを三對一であると考へたものと斷定して差支へない。若し我々が列王紀略上七章二十三節の文句を理解出來ないと言つてよいとしたら、一體全體我々は聖書から何を理解し得るのであらうか。その個所では神殿造營がごく簡單に、且つ純史實的に語られてゐるのだから。若しそれ聖書は別な風に考へたのだが我々に知られない何らかの理由でさう書くことになつたのだといふ想像が許されるとしたら、これは聖書全體の根本的破壞を來すのみである。何故なら各人は、聖書のすべての個所について同じことを同等の權利を以て言ひ得ることになり、かくて人間の惡意が案出し得るあらゆる不條理なこと・不都合なことを聖書の權威の爲といふ口實で擁護し・貫徹することが出來るからである。これに反して我々が今主張した事柄は不敬虔な何物をも含まない。思ふにソロモン、イザヤ、ヨシュア等々は、預言者であるとは言へやはり人間であり、人間的な如何なることも彼らから緣遠くなかつた（二十一）と考へねばならぬからである。尙ほ又神が人類を滅ぼさうとしてゐることがノアに對して啓示された（二十二）のもノアの把握力に應じてであつた。ノアはパレスチナの外には世界に人が住んでゐないと考へてゐたからである。そしてたゞにかうした種類の事どもばかりでなく、もつと重大な他の事どもについても預言者たちはその敬虔を損ふことなしに無智であり得たし又事實無智であつた。實に彼らは神の屬性に關して何ら特殊的なことを敎へず、むしろ神に關して極めて通俗な思想を持つてゐたのであり、彼らへの啓示もかうした通俗な思想に適應してなされたのである。これを余は今や多くの例から示さうとするのであるが、これに依つて人々は、預言者たちが賞讃され・高く評價されるのはその敬虔と操守との故であつて智能の高遠性と卓越性との故でないことを容易に知り得るであらう。

　神が現示された最初の人間であるアダムは、神が遍在者であり全知者であることを知らなかつた。彼は神から身を隱し、又神を前にして恰も人間を前にしてのやうに自分の罪を辯明しようと力めた。(二十二)神は彼に對してもやはり彼の把握力に應じて現示されたのである、換言すれば非遍在者として又アダムの居場所と罪とを知らぬ者として現示されたのである。卽ちアダムは、神が園を歩き・彼を呼び・彼がどこに居るかを尋ねるのを聞き、次いで彼の恥ぢたのを見て彼に禁斷の樹の實を食つたかどうかを尋ねるのを聞いたのである、或は聞いたと思つたのである。このやうにしてアダムは神が萬物の創造者であつたといふことの外は神の如何なる屬性をも知らなかつたのであつた。カインに對しても亦神はカインの把握力に應じて、卽ち人事について何も知らぬ者として現はれた。(二十三)そしてカインが自分の罪を後悔する爲には神に關する一層高い認識を持つことを必要としなかつたのである。ラバンに對して神はアブラハムの神として現はれた。ラバンは各〻の民族が自己特有の神を持つてゐることを信じたからである、創世記三十一章二十九節參照。アブラハムも亦神が遍在者であることや神が一切の事柄を豫知することを知らなかつた。彼はソドムの人々に對する神の宣告を聞いて、ソドムの人々が全部その罪に價ひすることを神が知るまではその宣告を實行しないやうに神に願つてゐる。即ち彼は（創世記十八章二十四節參照）「恐らく町の中に五十人の正しき者あらん」と言つてゐるのである。そして神自身アブラハムに對してやはりそのやうな者として現はれた。といふのは神はアブラハムの表象の中でかう語つてゐるからである、「我今下りて大いなる歎きの聲の我に至れる如く彼ら行ひたりしやを見んとす。若し然らずば我（事を）知るに至らん（二十四）」と。アブラハムに關する神の證言（これについては創世記十八章十九節參照）も亦アブラハムの服從とアブラハムがその家族を正しきこと・善きことへ勵ましたといふことを語つてゐるのみであつて、彼が神について高い思想を持つてゐたといふことは語つてゐない。モーゼにしてからが神は全知者であり人間のすべての行動は神の決定に依つてのみ左右されるのであることを充分に把握しなかつた。何故なら、神はイスラエル人たちが彼に從ふであらうことを彼に告げた（出埃及記三章十八節參照）にも拘はらず、彼は尙ほそれを疑つて、「彼ら若し我を信ぜず又我に従はずば如何」と言つてゐるからである（出埃及記四章一節參照）。故に神はモーゼに對しても人間の行動に影響力を持たない者・人間の未來の行動について知らない者として現はれたのである。卽ち神は彼に二つの徵證を與へて「彼ら若しその始めの徵證を信ぜざるならば後の徵證を信ぜん。彼ら若し後の徵證も信ぜざればその時汝は川の水を少しく取り云々」（出埃及記四章八節參照）と言つてゐるのである。勿論モーゼの思想を公平に考察すれば、モーゼは神を常に存在した・又存在してゐる・そして常に存在するであらうところの一實有であると考へたことが明瞭に分るであらう。このために彼は神をエホバと名附けてゐる（二十五）。この語はヘブライ語で存在のこの三つの時を表現するのである。とはいへモーゼは神の本性については慈悲深い、惠み深い云々とか、極めて嫉妬深いとかいふことの外には何事をも教へなかつた。これはモーゼ五書の至るところから明らかなことである。次に彼はこの實有が、他のすべての實有と異なり、何らかの可視的事物の像に依つては表現され得ないこと、又目に見ることが出來ないこと、そしてそれはそのこと自體が不可能なのではなくて人間の無力の故にさうなのであること、なほ又この實有は力といふ點では全く無比無類であること、さうした事どもを信じ且つ敎へた。尤も彼は、神の代理をする（疑ひもなく神の指圖と命令とに依つて）諸〻の實有、換言すれば諸民族を指導し・配慮し・保護する爲に神から權威と權利と力とを與へられた諸〻の實有が存在することを認めはした。しかし彼は、ユダヤ人たちが禮拜すべく義務づけられてゐた實有は最高にして至上なる神卽ち（ヘブライ人たちの用語を借りれば）神々の中の神であることを教へた。この故に彼は、出埃及記の歌の中で、「エホバよ、神々の中に誰か汝に如くものあらんや」（十五章十一節）と言つてゐるし、又エテロは、「今ぞ我は知る、エホバはすべての神々よりも大なり」（十八章十一節）と言つてゐる。エテロのは、エホバがすべての神々より大であり無類の力を持つてゐることを自分も遂にモーゼに對して容認せざるを得ないといふのである。然しモーゼは神の代理をする諸〻の實有が神に依つて創造されたと信じたかどうかは疑ひなきを得ない。彼は我々の知る限り、さうした諸實有の創造と起源とについて何事をも語つてゐないからである。その外に彼は、この實有〔神〕が混沌からこの可視的世界を生ぜしめて（創世記一章二節參照）これに秩序を與へ、又自然の中に諸〻の種子を植ゑつけたこと、從つてこの實有は萬物に對して最高の權利と最高の力とを持つこと、そしてこの實有は自己のこの最高の權利と力とに依つて自分獨りの爲にヘブライ民族を選び（申命記十章十四・十五節參照）、又世界の一定の土地を選んだこと（申命記四章十九節及び三十二章八・九節參照）、これに反して他の諸〻の民族と土地とを、自分の代りに置いた他の神々の配慮に委ねたこと、さうした事どもを敎へた。だからこの實有はイスラエルの神又はエルサレムの神（歴代志略下三十二章十九節參照）と呼ばれ、他の神々は他の諸民族の神々と呼ばれた。そしてこの故にユダヤ人たちは、神が自らのため選んだその土地は神に對し他の諸〻の土地の禮拜と全然異なる特殊な禮拜を必要とすると信じた、否その土地は他の土地に固有な他の神々への禮拜に我慢し得ないとさへ信じた。實にアッシリヤ王がユダヤ人の土地に連れて來たあの民たちはその地の神の禮拜を知らなかつたが故に獅子に食ひ殺されたと一般に思はれてゐたのである（列王紀略下十七章二十五・二十六節その他參照）。されぱヤコブも——イブン・エズラの意見に依る——故國へ歸らうとした時に息子たちに新しい禮拜を準備するやうに語り、又異なる神々を、換言すれば彼らが當時居つた土地の神々の禮拜を、捨てるやうに語つた（創世記三十五章二・三節參照）。ダビデも亦、サウルの迫害に依り故國を離れて暮さざるを得なくなつたことをサウルに知らせる爲に、自分は神の遺產から追はれて他の神々を禮拜すべく送られると言つた（サムエル前書二十六章十九節參照）。最後にモーゼはこの實有即ち神が天に居住してゐることを信じてをり（申命記三十三章二十七節參照）、そしてかうした思想は異教徒たちの間に非常に擴まつたのであつた。

　さてモーゼへの諸啓示に注意するに、それはかうした諸思想に適應したものであることを我々は認め得るであらう。モーゼは神の本性が上述のやうな諸狀態例へば慈悲・恩惠等と調和すると信じたが故に、神は彼のかうした思想に應じ又かうした屬性の下に彼に現示されたのである（神が如何なる風にモーゼに現はれたかを物語る出埃及記三十四章六・七節並びに十誡（三十六）の四・五節參照）。次に三十三章十八節に語られてあるところに依れば、モーゼは神を見ることが出來るやうに神に願つてゐる。然しモーゼは、既に言つたやうに、神の如何なる像をも腦中に描いてゐなかつたし、又神は（既に示したやうに）預言者の表象能力の性狀に應じてのみ預言者に示されるのであるから、その故に神はモーゼに決して像に依つて現はれなかつた。敢へて言ふ、神がモーゼに像に依つて現はれなかつたのは、そのことがモーゼの表象能力に矛盾したからである。何故といふに、他の預言者例へばイザヤ、エゼキエル、ダニエル等は現に神を見たと證言してゐるのであるから。こんなわけで、神はモーゼに、「汝は我が面を見ること能はず」(二十七)と答へてゐる。そしてモーゼは神が可視的であることを、換言すれば可視性は神の本性の側から言つて何らの矛盾を含まないことを信じた(さなくばモーゼはさうしたことを願ふ筈がない)から、その故に神は、先の言葉に附け加へて、「我を見て生くる人あらざればなり」と言つてゐる。つまり神は、モーゼの思想と調和する理由を擧げてゐるのである。卽ち神は、可視性といふことが神の本性の側から言つて矛盾を含んでゐる――事實はさうなのである――と言つたのではなくてたゞ人間の無力の故に神を見ることが出來ないと言つてゐるのである。更に神は、イスラエル人たちが犢《こうし》の禮拜に依つて他の諸民族と異なるところがなくなつたことをモーゼに示すために、三十三章二・三節に於てかう語つてゐる、自分は一人の天使を、換言すれば最高實有に代つてイスラエル人たちの爲に配慮する或實有を送らう、但し自分はイスラエル人たちの間に居ることを欲しない、とさう語つてゐる。この結果モーゼはもはや、イスラエル人たちが他の諸民族よりも神から愛されてゐると信じ得べき何らの權利がなくなつてゐる(神は他の諸民族をも他の諸〻の實有の配慮卽ち天使の配慮に委ねたのであるから)。これは同章十六節から明らかになつてゐる。最後にモーゼは神が天に住んでゐると信じたが故に、神は天から山の上に降る者として示されたし、又モーゼも神と話す爲に山へ上つたのであつた。若しモーゼが同等の容易さを以て神を何處にでも居る者として表象し得たのだつたら、わざわざ山へ上つたりする必要が全然なかつたであらう。

神はモーゼに對して現示されたとはいへ、イスラエル人たちは神について殆ど何も知らなかつた。このことを極めて明らかに示してゐるのは次の出來事である。彼らは數日後には神への尊敬と禮拜とを犢《こうし》へ移し、彼らをエヂプトから連れ出した神はその犢であると信じたのであつた。それに又エヂプト人たちの迷信に慣れ、無敎養で、慘めな隷屬狀態にへとへとになつてゐた彼等が、神について何等かの正しい認識を持つたとは全く信ぜられないし、又モーゼは生活方法に關する事柄以外の何かを彼らに敎へたとも思はれない。それも哲學者として敎へて彼らに自發的に正しい生活をさせようとしたのではなくて、立法者として敎へて彼らが律法の力に强制されて正しい生活をせざるを得ないやうにさせたのである。だから、正しい生き方即ち眞の生活、並びに神への禮拜と愛とは、彼らにとつて眞の自由或は神の恩寵と恩惠であるよりもむしろ隷屬であつた。事實モーゼは以前の恩惠（エヂプトに於ける隷屬からの解放等）に對して感謝の意を表する爲に神を愛し神の律法を守るべく命じたのであり、更に彼らがさうした掟に違反すれば威嚇を以て彼らを恐れしめ、反對にこれを遵守すれば色々のよいことを彼らに約束したのである。このやうにしてモーゼは、恰も親が一切の理性を缺く子供を教へる場合と同じ方法で彼らを教へたのである。だから彼らは德の優越性と眞の福祉とを知らなかつたこと確實である。ヨナは神の眼界から逃れ得ると考へた(二十八)。このことは、彼も亦、神はユダヤ以外の他の土地の管理を神の代りに置かれた他の諸〻の力に委ねたと信じてゐたことを示すやうに思へる。

舊約聖書の中では神についてソロモンほど合理的に語つた者がゐない。ソロモンは自然的光明に於ては同時代のあらゆる人々を凌駕してゐた。故に又彼は、自分を律法を超越する者と考へ(何故なら律法は理性と自然的知性の教へとを缺く人々の爲にのみ與へられたのだから)、王に關するあらゆる律法――それは主として三箇條から成つた(申命記十七章十六・十七節參照)――を輕視し、のみならずこれを全く破り(この點に於て然し彼は誤つてゐた、そして彼は情慾の擒となつて哲學者に相應しからぬ行動をした)、あらゆる世俗的幸福を人間にとつて空虚なものであると教へ(傳道之書參照)、人間の爲には知性に勝る寶はなく又愚鈍以上に大きい刑罰はないことを說いた（箴言十六章二十二節參照）。

だが我々は預言者たちの思想の相違を觀察することを意圖したのであるからさうした預言者たちのことに話を戻さう。我々に預言者たちの諸書（現存してゐる限りの）を殘してくれた律法博士たちは（安息日論一章十三葉二頁に語られてあるところに依る）、エゼキエルの思想がモーゼの思想とあまりに矛盾してゐるのを見出した（二十九）ので、エゼキエルの書を正典の中に加へることを躊躇した。若しハナニヤなる者がエゼキエルの書を解說することを引き受けることをしなかつたら律法博士たちは同書を全く隱匿してしまつたであらう。ハナニヤはこの仕事を非常な骨折と努力とを以てなし遂げたと言はれる（前揭論文に語られてあるところに依る）。だが彼がそれをどんな風にやつたのか、換言すれば註釋書――恐らくは失《な》くなつてしまつたであらうところの――を書いたのか、それともエゼキエルの言葉と話そのものを變更し自分の意のまゝにそれを整理した（さうだとすると隨分勇敢なことではある）のか、その點が充分明らかでない。それは兎も角として少くもその十八章は出埃及記三十四章七節やエレミヤ記三十二章十八節等と調和しないやうに見える。――又サムエルは神は一度なした決定を決して撤回しないと信じた（サムエル前書十五章二十九節參照)。このことは、サウルが自分の罪を後悔して神に祈り神の許しを乞はうとした時に、サムエルがサウルに神は彼に對して爲した決定を變更しないであらうと告げてゐることから明らかである。しかしエレミヤにはこれと反對のことが啓示された(十八章八・十節參照)。エレミヤへの啓示に依れば、神は或民に對して災ひなり幸ひなりを下さうと決心しても、人間がその宣告後により善い狀態なりより惡い狀態なりに移る場合はその決定を撤回するといふのである。更に又ヨエルは神は災ひに關することのみを撤回すると敎へた(ヨエル書二章十三節參照)。――最後に人間が罪の誘ひを抑制して正しい行爲を爲し得るといふことは創世記四章七節から極めて明瞭に出てくる。このことはカインに對して言はれてゐるのである。尤もカインは、聖書自身並びにヨセフス(三十)の言ふところから明らかな如く、それを抑制しなかつたけれども。同樣のことが又今擧げたエレミヤの章句からも極めて明瞭に歸結される。何故なら、神は人間に對して下した災ひなり幸ひなりの決定を人間が行狀と生活樣式とを變へようとするにつれて撤回するとエレミヤは言つてゐるからである。これに反してパウロは、人間は神の特殊な召命と恩寵とに依らずには肉の誘ひに對して何らの力を持たないことを極めて明らかに敎へてゐる。ロマ書九章十節以下その他參照。そして彼は三章五節及び六章十九節に於て神に正義を歸するに當り、彼はたゞ人間の語法に從ひ又肉の弱さの故にのみさう語るのであると辯じてゐる。

以上から余が示さうと企てた事柄が十二分に證明される。それは神は啓示を預言者たちの把握力と思想とに適應させたこと、預言者たちは純粹に思辨的な事柄、愛と實生活に關しない事柄については無智であつてもかまはなかつたし事實又無智であつたこと、彼らは互に相反的思想を持つてゐたことこれである。故に自然的な並びに靈的な事柄に關する認識を彼らから求めることは全然出來ない。このやうにして我々はかう結論する、我々は啓示の目的乃至主眼を構成する事柄についてのみ預言者を信ずべく義務づけられる、それ以外の事柄に關しては各人その好むまゝに信じて可なりである、と。例へばカインへの啓示は神がカインに對して眞の生活をするやうに勸めたといふことを我々に敎へるのみである。さうしたことだけが啓示の目的であり主眼であるのであつて、意志の自由や哲學的問題について敎へるのが目的ではない。故にたとへその勸告の言葉と論法との中に意志の自由といふことが極めて明瞭に包含されてゐるとしてもそれにも拘はらず我々はその反對の意見（意志は自由でないといふ意見」を持つことも許される。その言葉と論法とはカインの把握力にのみ適應させられてゐるのだから。同様に又ミカヤへの啓示は神がミカヤにアハブ對アラムの戰の眞の結果を啓示したといふことを教へようとするのみである〔三十二〕。だから我々はやはりこのことをのみ信ずべく義務づけられる。この外にその啓示の中に含まれてゐる一切のこと、例へば神の眞の靈と僞の靈とについてとか、神の兩側に立つてゐる天の軍勢についてとかは、そしてまたこの啓示に於ける爾餘の諸々の附隨的事情は、少しも我々を拘束しないのである。從つてそれに關しては各人が自分の理性によく合致すると思ふ限りに於て信ずればよい。神が萬象皆自己の力の下にあることをヨブに示す爲に用ひた論法についても、若しそれが眞にヨブに啓示されたのであり、又作者が眞實の出來事を語らうとしてゐるのであつて或人々が信ずる如く單に自分の思想を説明しようとしたのでないならば、やはり同様のことが言はれる。即ちそれらの論法はヨブの把握力に應じ又ヨブを説得する爲にのみ持ち出されたのであつて、萬人を説得するための普遍妥當的論法なわけではないのである。キリストがパリサイ人たちの頑迷と無智とを説得し又弟子たちを眞の生活へ勵ます爲に用ひた論法についても同様のことが言へる。即ちキリストは、自分の論法を各人の思想と主義とに適應させたのである。例へば彼がパリサイ人たちに對して、「サタン若しサタンを追ひ出さば自ら別れ爭ふなり。然らばその國如何で立つべき」（マタイ傳十二章二十六節參照）と言つたのは、パリサイ人たちをパリサイ人たち自身の主張に基づいて說得しようとしたまでであつて、惡魔や惡魔の國が存在することを說かうとしたものではない。同樣に又彼が弟子たちに、「汝ら愼みてこの小さき者の一人をも侮るな。我汝らに告ぐ、彼らの御使《みつかひ》たちは天に在りて云々」（マタイ傳十八章十節）と言つたのは、弟子たちに、高慢であつてはならぬ、何人をも輕蔑してはならぬ、といふことを教へようとしたのみであつて、彼の論法の中に含まれてゐる爾餘の事柄を教へようとしたのではない。さうした論法はたゞ弟子たちをよりよく說得する爲にのみ用ひられてゐるのであるから。最後に使徒たちの論法と徵證とに關しても全く同じことが言へる。しかしさうした事柄についてこれ以上詳しく述べる必要はない。若し余が聖書の中で或特定の人間とその人間の把握力とに應じてのみ書かれたやうな個所を、又哲學に對する大きな毀損を伴ふことなしには神の教へとして主張され得ないやうな個所を、悉く列擧せねばならぬとしたら、余は余の旨としてゐる簡潔といふことから全く離れねばならぬであらう。だから僅かの一般的な事柄に若干觸れたのを以て充分としよう。爾餘の事柄は熱心なる讀者自らこれを檢討するがよい。

さて余が志した目的――哲學を神學から分離するといふこと――の爲には余がこれまで預言者と預言とについて述べた事柄のみが主として役に立つのであるけれども、しかしこの問題には概括的には既に觸れたから、これから余はなほ、預言の賜物がヘブライ人たちにのみ特有であつたかどうか、それともすべての民族に共通であつたかどうかを、次いではヘブライ人たちの召命に關してどう考へねばならぬかを探究しようと思ふ。これについては次章を見られたい。

第三章

ヘブライ人たちの召命《ウォカチオ》について。又預言の賜物はヘブライ人たちにのみ特有であつたかどうかについて

各人の眞の幸福・眞の福祉は善の享受そのものの中に存するのであつて、他の人は除外して自分だけが善を享受するといふ榮譽の中に存するのではない。物事が自分にだけうまく行つて他の人々にはうまく行かないといふ故を以て、或は自分が他の人々より仕合せであり他の人々より一層運命に惠まれてゐるといふ故を以て、自分をより幸福であると考へる者は、眞の幸福・眞の福祉を知らないのであり、彼が其處から感ずる喜びは小兒的なものにあらずんば嫉妬と惡しき心との所産に過ぎない。例へば人間の眞の幸福・眞の福祉は智慧そのもの、眞理の認識そのものの中に存するのであつて、自分が他の人々より一層智慧があるとか、他の人々は眞の認識を缺いてゐるとかいふことの中には絶對に存しない。かうしたことはその人間の智

慧を、換言すればその人間の眞の幸福を少しも増大することがないからである。だからさうしたことの故に喜ぶ者は他人の不幸を喜んでゐるのであり、從つて嫉妬深い・惡性の人間であつて、眞の智慧をも眞の生活の平安をも知らないのである。されば聖書が、ヘブライ人たちを律法の服從へ勵ます爲にいろいろなことを、——神は彼らを他の諸民族の中から選んだとか（申命記十章十五節參照）、神は彼らの身近くに居り他の民族の近くには居ないとか（申命記四章四・七節）、神は正しい律法を彼らにのみ規定してやつたとか（同章八節）、最後に神は他の諸民族は措いて彼らにのみ己を示したとか（同章三十二節參照）、さうした事どもを言つてゐるのは、彼らの把握力に適應してのみ言つてゐるのである。彼らは前章に示したやうに、又モーゼも證言してゐるやうに（申命記九章六・七節參照）、眞の福祉を知らなかつたのであるから。思ふに神がすべての人間を齊しく救ひへ召したとしてもヘブライ人たちの幸福の度が減じたわけではなからうし、又たとへ神が他の民族に對して同樣に身近くをつたとしても神がヘブライ人たちにより少く好意を持つたことにはならぬであらう。又律法がすべての民族の爲に規定されたとしても律法がその正しさの度を減じたり、ヘブライ人たちが賢明さの度を減じたりするわけではないであらう。更に又奇蹟が他の諸民族のためにも行はれたところで奇蹟が神の力をより少く示したことにはならぬであらう。最後に若し神がこれらすべての賜物をすべての人々に齊しく與へたとしてもヘブライ人たちが神を禮拜することにより少く義務づけられたわけでもないであらう。さて又神がソロモンに對して、ソロモンの後には何人もソロモン程の賢明な人間が出ないであらうと言つた（列王紀略上三章十二節參照）のは、單にソロモンの並々ならぬ賢明さを表現する爲の言ひまはしにすぎなかつたと思はれる。兎に角神がソロモンに對して、ソロモンの一層の幸福のために、今後何人にもそれだけ大きな智慧を與へまいと約束したものとは決して考へてはならぬ。さうしたことはソロモンの智慧を少しでも增大することがないし、又賢明な王（ソロモン）はたとへ神が同等の智慧をすべての人々に與へると言つたところで自分の大きな賜物に對して神により少く感謝するといふことがなかつたであらう。

だが我々はモーゼが上掲モーゼ五書の諸個所に於てヘブライ人たちの把握力に應じて語つたと主張するとはいへ、我々はしかし神がモーゼ五書のあの律法をヘブライ人たちにだけ規定したこと、神がヘブライ人たちとのみ語つたこと、最後にヘブライ人たちは他の諸民族の見なかつたやうな數多くの不思議な現象を見たこと、さうしたことを否定しようとするのではない。我々はたゞモーゼがさうした方法に依り、又特にさうした論法に依つて、ヘブライ人たちを勵まし、彼らをその小兒的把握力に應じて神への尊敬へ一層結びつけようとしたのであることを言はうとしたまでである。更に我々は、ヘブライ人たちが他の諸民族に卓越したのは學問や敬虔に於てではなくて他の全く違つた點に於てであつたこと、或は(聖書のやり方に倣つて彼らの把握力に適應して語れば)神がヘブライ人たちを諸民族の中から選んだのは眞の生活や高遠な思辨——尤も彼らは屢々それへ勵まされはしたけれども——に對してではなくて他の全く違つたことに對してであつたこと、さうしたことを示さうとしたのである。それがどんなものであつたかといふことについては余はこれから順序を追うて語るであらう。

然しそれを始める前に余は神の指導、神の外的及び内的援助、神の選抜、最後に又運命といふことを以下に於てどう解するかを簡單に述べて置きたい。

神の指導といふことを余は、かの確乎にして不可變的なる自然の秩序、即ち諸々の自然物の聯結と解する。我々が上にも述べまた既に他の場所でも示したやうに(二)、一切が依つて以て生起し且つ決定される自然の普遍的諸法則は神の永遠なる諸決定

――それは常に永遠の眞理と必然性とを包含する――に外ならないからである。だから我々は、一切は自然の諸法則に依つて生起すると言つても、或は又一切は神の決定と指導とに依つて整序されると言つても、結局同じことを言つてゐるのである。次に一切の自然物の力は一切がそれに依つてのみ生起し且つ決定されるところの神の力そのものに外ならないのであるから、この歸結として、自然の一部分たる人間が自己の存在を維持する爲に自ら進んで爲すところのこと、或は自然が人間の協力なしにその人間のために爲すところのこと、さうしたことの一切はその人間に對して神の力に依つてのみ爲されるのであり、この神の力は時には人間の本性を通して働き、時には外的諸物を通して働くのである、といふことになる。故に我々は當然、人間の本性が自己の存在を維持する爲に自己の力に依つてのみ爲し得ることの一切を神の內的援助と呼び、又その外に外的諸原因の力に依つてその人間の爲になるやうに起ることの一切を神の外的援助と呼ぶことが出來る。そして以上から又神の選抜といふことをどう解せねばならぬかが容易に判明する。蓋し何人も、豫定された自然の秩序に從つてでなくては、換言すれば神の永遠なる指導と決定とに從つてでなくては、何事をもなすことが出來ないのだから、この歸結として、何人も自らの爲に或生活法を選んだり或事をしたりすることは他の人間たちの中からその人間をその仕事或はその生活法へ選ぶ神の特殊な召命に依らずには出來ないといふことになる。最後に運命といふことを余は、思ひがけない外的諸原因に依つて人事を導く限りに於ての神の指導そのものと解する。

以上を前提として、我々は我々の計畫に戻り、如何なる理由でヘブライ民族は他の諸民族の中から神に依つて選ばれたと言はれたかを探究しよう。これを示す爲に余は次の如く論を進める。

我々の端正な欲求の對象となり得る一切は主として次の三つに還元される。事物をその第一原因に依つて理解すること、感情を抑制し或は德の習性を獲得すること、最後に安全に且つ健全な身體に於て生活することとこれである。第一及び第二の事柄に直接役立つ手段、そしてその最近的且つ能動的原因と見做され得る手段は、人間の本性そのものの中にのみ包含されてゐる。從つてそれらのものの獲得は專ら我々の力、即ち人間の本性の諸法則にのみ依存する。この故にかうした賜物が如何なる民族にも特殊的でなく、反つて常に全人類に共通的であつたことは躊躇なく認められねばならぬ、我々が自然は嘗て人間の異なれる諸種類を作つたといふ夢想を抱かない限りは。（二）これに反して安全に生活し且つ身體を維持するのに役立つ手段は主として外的事物の中に存する。そしてそれは、專ら我々の知らない外的諸原因の指導に依存するの故を以て運命の賜物と呼ばれる。從つてこの點に於て幸福であつたり不幸であつたりするのは愚者と賢者とで殆ど異なるところがない。とはいへ安全に生活し、他の人間並びに動物からの加害を避ける爲には、人間の指導と注意とがかなり役立ち得る。このことの爲に理性と經驗とが教へた最も確實な手段は、一定の法則に依つて社會を形成し、世界の一定の地域を占有し、且つすべての人々の力をいはば一體軀——社會といふ——の上に集めることである。然し社會を形成し維持する爲には智能と注意とが少からず必要である。この故に專ら、賢明な注意深い人に依つて建てられ且つ導かれる社會は一層安全であり一層永續的であつて運命に左右されることが少い。これに反して無教養な人々から成る社會は專ら運命に依存し、あまり永續的ではない。たとへ永く續いたとしても、それは他のものの指導に負うてゐるのであつて、自らの指導に負ふのではない。その上若しさうした社會が大きな諸危險を克服し一般の事態がその社會のために好都合に展開したとなれば、その社會は神の指導（但し神が人間の本性と精神とを通して働く限りに於てのではなく、我々に知られない外的諸原因を通して働く限りに於ての）を歎美し尊崇せざるを得なくなる。極めて思ひがけない意外の事柄、實際奇蹟とも見做されるやうな事柄がその社會のために起つたからである。

このやうなわけで諸民族が相互に區別されるのは諸民族がその下に生活し且つそれに依つて導かれる社會の事情や法律の點に於てのみである。從つてヘブライ民族も知性や心の平安といふことに關して諸民族の中から神に依つて選ばれたのではなく、たゞ彼らに國家を與へて之をしかく長年の間保たしめた社會や運命の事情に關してのみさうなのである。このことは聖書そのものからも極めて明白である。聖書を表面的になりとも讀んだ者は、ヘブライ人たちがたゞ次の點に於てのみ、即ち彼らは生活の安全に關する營みをうまく果し大きな諸危險を克服した――それも專ら神の外的援助に依つてのみ――といふことに於てのみ他の諸民族に抜きんでたこと、その他の點に於ては他の諸民族と異なるところがなかつたこと、又神はすべての民族に對して同等に好意的であつたことを明らかに知り得る。事實知性といふ點からいへば（前章に於て示した如く）ヘブライ人たちは神並びに自然に關して極めて通俗的な思想を抱いてゐたことが明らかである。これを以て見ても彼らは知性に關して他の諸民族の中から神に依つて選ばれたのではない。しかし又德や眞の生活に關してもも同樣である。この點に關しても亦彼らは他の諸民族と異なるところがなかつたのであり、たゞその中の極めて少數の者が選ばれたにすぎぬのである。故に彼らの選拔と召命とは單に彼らの國家の世俗的幸福と安樂との中にのみ存した。我々も神が族長（patriarcha）たちやその後繼者たちに對してこれ以外のことを約束したことを讀んでゐない。その上律法の中には、服從に對しては國家の持續的幸福と現世に於けるその他の諸安樂と以外の何物も約束されて居らず、逆に反抗と契約の破棄とに對しては國家の破滅と大きな諸災難と以外の何物も約束されてゐない。そしてこれは少しも不思議とするにあたらぬ。何故なら社會全體或は國家全體の目的は（先に言つたことから明らかでもあり、又以下に於て一層詳しく示すであらうやうに）安全且つ快適に生活することにある、しかるに國家は各人を拘束する法律なくしては存立し得ない、若し一社會を構成するすべての人が法律から離れるやうなことがあればこれに依つてそれらの人々は社會を解消し國家を破壞することになるであらう。だからヘブライ人たちの社會にとつても律法の恆常的遵守に對しては生活の安全と快適と以外の何物も約束され得なかつたわけであり、逆に反抗に對しては國家の破滅と、國家の破滅から一般に生ずる諸不幸と、更に又彼ら自身の國家の破滅から彼らに特別にふりかゝる諸不幸と以上の確實な刑罰が豫告され得なかつたわけである。然しこれについてはここにこれ以上詳しく論ずる要がない。たゞ余が言つておきたいのは舊約聖書の律法はユダヤ人たちに對してのみ啓示され・規定されたのであるといふことである。何故なら、神が彼らをたゞ特殊の社會・特殊の國家の建設へのみ選んだのである以上は、彼らは必然的にまた特殊な律法を持たねばならなかつたからである。だが他の諸民族に對しても神が特殊の律法を規定しその民族の立法者たちに對して自己を預言的方法に於て啓示した――勿論それらの立法者が平素依つて以て神を表象してゐた諸屬性の下に――のかどうかは余はよく知らぬ。然し少くも次のこと、――他の民族も亦神の外的指導に依つて國家と特殊な律法とを持つてゐたことだけは聖書そのものから明らかである。之を示す爲に余は聖書の二個所だけを擧げよう。創世記十四章十八・十九・二十節には、マルキゼデクがエルサレムの王であり至高なる神の司祭であつたこと、彼が司祭の權利（民數紀略六章二十三節參照）に基づいてアブラハムを祝福したこと、最後に又神の愛子《まなご》アブラハムが全鹵獲品の十分の一を神のこの司祭に贈つたことが語られてゐる。之らすべては神はイスラエル民族を創立する前にエルサレムに王たちや司祭たちを置いたこと、並びにそれらの者たちのために典禮と律法とを規定したことを明示する。但しそれが預言的方法に依つて爲されたかどうかは、今も言つたやうに、余はよく知らぬ。しかし少くもアブラハムは其處に住んでゐた間敬虔にそれらの律法を守つたことを余は確信する。何故なら、アブラハムは神から特に何らの典禮をも規定されてゐないのであるが、それなのに創世記二十六章五節にはアブラハムが神の禮拜・誡命・指令・律法を守つたと書かれてあり、これは疑ひもなく王マルキゼデクの禮拜・誡命・指令・律法のことに解されねばならぬからである。次にマラキ書一章十・十一節はユダヤ人たちを次の言葉で非難してゐる、「汝らが我が壇の上に徒らに火をたくことなからんために汝らの中一人扉(卽ち神殿の扉)を閉づる者あらまほし。我汝らを悅ばず……。日出づるところより日入るところまで國々の中に我が名大いなり。又何處にても香と潔き獻げ物とを我に獻ぐ。そは我が名國々の中に大いなればなり、と萬軍のエホバ言ひ給ふ。」之らの言葉は、これを歪曲して讀まない限りは、現在のことにしかとれぬのであるから、これらの言葉からして、ユダヤ人たちはその當時、他の諸民族以上に神に愛されてはゐなかつたこと、それどころか神は他の諸民族に對して當時のユダヤ人たち（彼らは當時何らの奇蹟なしに國家を部分的に回復してゐた）に對してよりも一層多く諸奇蹟を以て自らを示したこと、更に又他の諸民族は神の氣に入る典禮と祭式とを持つてゐたことが十二分に證言される。だがこれらについて述べることは止めよう。何故なら我々の目的の爲には次のことを、――ユダヤ人たちの選拔は物質的世俗的幸福と自由、換言すれば國家並びに國家を建設した方法と手段、從つて又その特殊的國家を維持するに必要であつた限りの律法、最後に又その律法が啓示された樣式などにのみ關聯したのであること、他の諸點について、並びに人間の眞の幸福を構成する所以のものについては彼らは他の諸民族と異なるところがなかつたこと、さうしたことを示しただけで充分であるからである。故に聖書の中（申命記四章七節參照）で、如何なる民族もユダヤ人たちが神を身近くに持つてゐるほどに彼らの神々を身近くに持たないと言つてゐるのは、たゞ國家に關聯してのみ、又ユダヤ人たちに數多くの奇蹟が示されたその當時のことに關してのみ解されねばならぬ。知性並びに德といふ點、換言すれば福祉といふ點に關しては神は――我々が既に言ひ且つ理性そのものに依つて證明した如く――すべての民族に同等に好意的なのである。之は正に聖書そのものからも充分明らかである。例へば詩篇作家は詩篇百四十五篇十八節に於て、「すべて神を呼ぶ者、誠をもてこれを呼ぶ者に神は近くゐますなり」と言つてゐる。同様に又彼は同篇九節で、「神はよろづの者に恵みあり、その慈悲は彼の作り給へるすべてのものの上にあまねし」と言つてゐる。又三十三篇十五節には神がすべての人間に同じ知性を與へたことが次の言葉ではつきり述べられてゐる。曰く、「神は彼らの心臓《こころ》を同じさまに作り給ふ。」蓋しヘブライ人たちは心臓を精神と知性の居所であると信じてゐたのであつた。このことはすべての人々に充分知られてゐることと余は考へる。次にヨブ記二十八章二十八節からは、神が全人類に對して次のやうな律法を、――神を畏れ、惡しき業より離れる、つまり善き業を行ふといふ律法を規定したことが明白である。かくしてヨブは異邦人であつたに拘はらず敬虔と宗教心とに於てすべての人々に勝つたが故にすべての人々以上に神の氣に入つたのである。最後にヨナ書四章二節からは神がユダヤ人たちに對してばかりでなくすべての人々に對して好意を持ち、慈悲あり、寛大で、恵み深く、又災ひの宣告を撤回する者であることが明瞭に分る。何故ならヨナは、「さればこそ先に我タルシシへ逃れんとせしなれ。そは我(出埃及記三十四章六節にあるモーゼの言葉に依り)汝は恵みある神、慈悲あり……云々の者なるを（従ってまたニネベの異邦人たちを赦す者なるを）知ればなり」と言つてゐるからである。故に我々は（神はすべての人々に同等に好意的であり、ヘブライ人たちはたゞ彼らの社會、彼らの國家といふ點に關してのみ神から選ばれたのであるから）かう結論する、各〻のユダヤ人は、社會又は國家を離れて單にそれ自身のみで見られる限り、他の人々以上に神の賜物を持つてゐないのであり、又ユダヤ人と異邦人との間には何らの相違がないのである、と。かくて確かに神はすべての人々に同等に惠みあり、慈悲あり云々であるから、そして又預言者の職分は祖國の特殊な律法を説くよりもむしろ眞の德を説き人々をそれへ勵ますことにあるのだから、すべての民族が預言者を持つたことと並びに預言の賜物がユダヤ人たちにのみ特有でなかつたことは疑ひない。事實一般の歴史及び宗教の歴史もこのことを證明する。尤も舊約聖書の物語からは他の諸民族がヘブライ民族ほどに多くの預言者を持つたといふことが明らかになつてゐないし、のみならず異邦人の預言者が神に依つて諸民族へ特に遣はされたといふことも明らかになつてゐないけれどもそれは問題にならぬ。何故なら、ヘブライ人たちは自分たちの出來事をのみ書かうとしたのであつて他の諸民族に關する出來事を書かうとしたのではないから。故に我々には、ノア、エノク、アビメレク、バラム等の如く異邦人で割禮を受けぬ人々が預言をしたといふこと、更にヘブライの預言者たちはヘブライ民族に對してばかりでなく他の諸民族に對しても神に依つて遣はされたのであるといふことを舊約聖書の中に發見するを以て充分なのである。事實エゼキエルは當時知られてゐたすべての民族のために預言した。オバデヤに至つては、我々の知る限り、エドム人たちに對して以外には預言しなかつたし、ヨナは專らニネベの住民の爲の預言者であつた。イザヤはユダヤ人たちの災難を歎き告げ且つユダヤ人たちの復興を歌つたばかりでなく、他の諸民族の災難と復興とをも告げ又は歌つたのである。即ち彼は十六章九節で、「この故に我涙もてヤゼルの爲に歎かん」と言ひ、又十九章では先づエヂプト人たちの災難を告げその後でその復興を預言してゐる（同章十九・二十・二十一・二十五節參照）。即ちイザヤは、神が彼らに對して、彼等を救ひ助くる者を遣はすべきこと、神が己を彼らに知らすべきこと、最後にエヂプト人たちは神を犧牲と供へものとで禮拜するに至るであらうことを告げ、そして終りに彼はこの國民を、「神の民、祝福されたるエヂプト」と呼んでゐる。これらすべては極めて注意に價ひすることである。最後に、エレミヤは、ヘブライ民族の預言者とばかりではなく、萬邦の預言者と呼ばれてゐる(エレミヤ記一章五節參照)。彼も亦諸民族の災難を預言しつゝ歎き、併はせてその復興を預言してゐる。卽ち彼は、四十八章三十一節に於て、モアブ人たちについて、「この故に我モアブの爲に叫び、モアブの全地の爲に喚呼《よばは》る云々」と言ひ、三十六節では、「この故に我が心はモアブの爲に鼓《つゝみ》の如く鳴り渡る」と言つてゐるが、終りに彼は彼らの復興を、兼ねて又エヂプト人、アンモン人、エラム人たちの復興をも預言してゐる。

これを以て見るに、他の諸民族も亦ユダヤ人たちと同樣に自己の預言者を、自分たち並びにユダヤ人たちの爲に預言した預言者を有してゐたこと疑ひない。尤も聖書はバラム一人について語つてゐるのみであり、このバラムに對してユダヤ人たち並びに他の諸民族の將來のことが啓示されたのであつたが、我々はしかしバラムが、その機會に於てのみ預言したのだと考へてはならぬ。何故なら、バラムが久しい前から預言やその他の神的才能に關して著名であつたことはその物語自身から充分明らかだからである。事實バラクはバラムを自分の許へ招かうとした時に、「そは汝の祝する者は福徳《さいはひ》を得、汝が詛ふ者は禍ひを受くと我知ればなり」(民數紀略二十二章六節)と言つてゐるのである。これで見ればバラムは、神がアブラハムに與へた(創世記十二章三節参照）と同一の能力を持つてゐたのである。更にバラムがバラクの使者たちに對して、神の意志が自分に啓示されるまで自分の許に留まつてゐるやうに答へてゐるのは、度々の預言に慣れた者の態度である。又彼は預言するに當り、換言すれば神の眞の精神を代辯するに當り、自分に關してかう言ふのが習ひであつた、曰く、「神の言葉を聞ける者、至上者の知識（卽ち至上者の精神と豫知と）を知れる者、倒れ臥せども目を開きて全能者の幻影《まぼろし》を見る者の言葉」（三）と。最後に彼は、ヘブライ人たちを神の命令に基づいて常の如く祝福した後で、他の諸民族の爲に預言し、その未來を告げ始めてゐる。（四）これらすべてから、彼が常に預言者であつたこと、或は幾度となく預言した人間であつたことが十二分に明らかであるし、又（ここに注意すべきは）彼は預言者をして専ら彼らの預言の眞實なることを確信させた所以のもの――正しきこと・善きことにのみ向ふ心――を持つてゐたことが明らかである。何故なら彼は、バラクが考へたやうに、自分の祝福したい者を祝福し或は自分の詛ひたい者を詛つたのではなくて、たゞ神が祝福し又は詛ふことを欲した者をのみさうしたのだからである。故に彼はバラクに對してかう答へてゐる、曰く、「たとへバラクその家に滿つる程の金銀を我に與ふとも、我は神の言葉を越えて己の心のまゝに善きも惡しきも爲すことを得ず、我は神の宣ふことのみを言ふべし」（五）と。尙ほ又神が旅の途中にある彼に對して怒つた（六）といふことに關して言へば、同じことがエヂプトへ神の命に依つて赴く途中のモーゼにも起つた（出埃及記四章二十四節參照）。又彼が預言の報酬として金を受け取つたことに關して言へば、同じことをサムエルもしてゐる（サムエル前書九章七・八節參照）。又彼が何らかの點で罪を犯した（これについてはペテロ後書二章十五・十六節並びにユダ書十一節參照）としても、「正しくして善のみ行ひ罪を犯すことなき人は世にあることなし」（傳道之書七章二十節參照）である。そして彼の言葉は神の許で常に重きをなしてゐたに違ひないし、又彼の呪詛力は極めて大であつたに違ひない。何故なら聖書には、神がバラムの言を聞かなかつたこと或はバラムの呪詛を祝福に變へたことをイスラエル人たちに對する神の大なる慈悲の證據として掲げてゐるのを屢〻見るからである（申命記二十三章六節、ヨシュア記二十四章十節、ネヘミヤ記十三章二節參照）。故に彼は疑ひもなく神の氣に入つてゐたのである。不敬虔な者たちの言葉と呪詛とは神を少しも動かすわけがないのだから。このやうにして彼は眞の預言者だつたのであり、ヨシュア（十三章二十二節）が彼を「占者」或は「卜者」と呼んでゐるとしてもその名稱は確かによい意味に解さるべきであり、又異邦人たちが占者又は卜者と呼び慣れてゐた者は眞の預言者だつたのである。尤も聖書が屢〻非難し排斥してゐる占者は似而非《えせ》占者だつたこと疑ひなく、これらの似而非占者は似而非預言者がユダヤ人たちを欺いたと同様に異邦人たちを欺いた。かうした事どもは聖書の他の諸個所からも充分明らかである。

故に我々は預言の賜物がユダヤ人にのみ特殊的でなくすべての民族に共通的であつたことを結論し得る。しかしパリサイ人たちはこれに反して、神のこの賜物は自分たちの民族にのみ特殊的であり、他の諸民族は或何らかの悪魔的能力——迷信というものはどんな想像をでも敢へてするものである——に依つて未來を預言したのである、と強硬に主張する。この意見を聖書の權威に依つて裏づける爲に彼らが舊約聖書から取り出してゐる主要根據は出埃及記三十三章十六節である。其處でモーゼは神にかう言つてゐる、「我と汝の民とが汝の目の前に恩寵を得ることは如何にして知るべきや。これ汝我らと共に行き給ひて我と汝の民とが地のすべての民に異なる者となるに依るに非ずや。」この文句から彼らはかう推論しようとするのである、モーゼは神がユダヤ人たちの側《そば》にあつてユダヤ人たちに預言を通して自己を現示してくれることを、更に又この恩寵を他の如何なる國民にも與へてくれないことを神に願つたのだ、と。モーゼが神が諸民族の側に居ることを嫉視したり或はさうしたことを神に敢へて願つたりしたなどといふのは全く滑稽の沙汰である。むしろ事實は次の如くである。モーゼは自國民の頑固な氣質と精神とを知つたので、彼らは大きな諸奇蹟と神の特別な外的援助となしには始められた業を完成することが出來ないことを、否彼らはさうした援助なしには必然的に滅びるであらうことをはつきり見てとつた。そこで彼は神が彼らを確かに維持してくれるやうにする爲に神のこの特別な外的援助を求めたのである。實際彼は三十四章九節に於て、「主よ、我若し汝の目の前に恩寵《めぐみ》を得たらば願はくは主我らの中にゐまして行きたまへ。こは頑くななる民なればなり云々」と言つてゐるからである。故に彼が神の特別な外的援助を求めた理由は民が頑くなだつた爲であつた。そしてモーゼが神のこの特別な外的援助以外の何物をも願はなかつたことを更に一層明瞭に示すのは神の答へそのものである。即ち神は直ちに答へて、「視よ、我れ契約を爲す。我れ未だ全地に行はれしことあらず何れの國民のうちにも行はれしことあらざるところの奇蹟《ふしぎ》を汝のすべての民の前に行ふべし云々」（同章十節）と言つてゐるのである。故にここでモーゼは、余が先に説明したやうなヘブライ人たちの選抜についてのみ語つてゐるのであつて、他のことを神に願つたのではない。

然し余はパウロのロマ書の中にもつと重大と思はれる他の章句に逢着する。それはロマ書三章一・二節であり、其處でパウロは我々の意見と反對のことを説いてゐるかに見える。卽ち彼は、「然らばユダヤ人に何の優るところありや。又割禮に何の益ありや。すべてのことに益多し。先づ第一に彼らは神の言葉を委ねられたり」と言つてゐるのである。然しパウロの教說の主眼とするところに注意するなら、我我はそれが我々の說と何等矛盾しないことを、否反つて我々がここで說いてゐるのと同じことを說いてゐるのであることを見出すであらう。何故なら彼は同章二十九節に於て神はユダヤ人にも異邦人にも神であることを語り、又二章二十五・二十六節に於て、「若し割禮を受けし者律法を破らば割禮は無割禮となり、反對に若し割禮なき者も律法の誡命を守らばその無割禮は割禮と見做さるるに非ずや」と言つてゐるからである。次に彼は、三章九節及び四章十五節に於て、ユダヤ人も異邦人もすべて罪の下にあつたこと、然し罪は誡命と律法となしには存し得ないことを述べてゐる。故にこれからして、律法はあらゆる人々に啓示された（先に我々がヨブ記二十八章二十八節からも示した如く）のであること、そしてすべての人々はこの律法の下に生きて來たのであることが極めて明瞭に分る。但しここに律法といふのは眞の徳にのみ關する律法のことであつて、各個の國家の事情と狀態に應じて建てられるあの律法、又各個の國民の氣質に適應して作られるあの律法のことではない。最後にパウロはかう結論してゐる、(七)――神はすべての民族の神であるから、換言すれば神はすべての民族に同等に好意的なのであるから、そしてすべての民族は同等に律法と罪との下にあつたのだから、その故に神はすべての民族に對して彼のキリストを遣はし、キリストをしてすべての者を齊しく律法の隷屬から解放せしめ、かくて彼らがもはや律法の誡命に依つてではなく確乎たる意志の決定に依つて正しい行ひをするやうにさせたのである、と。故にパウロは我々の主張すると全く同じことを說いてゐるのである。だから彼が「ユダヤ人らのみ神の言葉を委ねられたり」と言つてゐるのは、律法がユダヤ人たちにのみ文書に依つて與へられ、他の諸民族には啓示と知性とを通してのみ與へられたのであるといふ意味に解するか、或はパウロは（彼はユダヤ人たちからの諸駁論にのみ立ち向はうとしてゐるのであるから）ユダヤ人たちの把握力に從ひ、又ユダヤ人たちが當時支配されてゐた諸思想に應じて答へたのであると考へるかせねばならぬ。事實彼は、その見たり聞いたりしたところのことを說くに當り、ギリシヤ人たちと共にはギリシヤ人となり、ユダヤ人たちと共にはユダヤ人となつたのであるから。

殘るところは、ヘブライ人たちの選拔が單に國家にのみ關する一時的なものでなくて永遠的なものであつたといふことを信じようと欲する或種の人々の論據に答へることだけである。彼等はかう言つてゐる、——我々の知る限りユダヤ人たちは國家の滅びた後實に永い年月の間至るところに散らばつてすべての民族から分離して存在して居るが、かうしたことは如何なる他の民族にも見られぬところであつた、更に又聖書の多くの個所は、神がユダヤ人たちを永遠的に神へ選んだことを、從つて又ユダヤ人たちは國家が滅びたとてもやはり神の選民たるを失はぬことを敎へてゐるやうに見える、と。この永遠なる選拔を明瞭に敎へてゐると彼らの考へてゐる聖書の個所は專らまづエレミヤ記三十一章三十六節であり、其處でエレミヤは、イスラエル人たちを天と自然との確乎たる秩序に比較しつゝ、イスラエル族が永遠に神の民として留まるであらうことを證言してゐるのである。次にはエゼキエル書二十章三十二節以下であり、其處でエゼキエルは次の意味のことを言つてゐるやうに見える、即ちユダヤ人たちが故意に神の禮拜を捨てようとしたに拘はらず神は彼らを彼らの分散してゐたすべての地方から再び集め、かつて彼らの先祖たちをエヂプトの曠野へ導いたやうに彼らを國々の曠野へ導き、終りに彼らを抗《はむか》ふ者・背く者から擇り分けて其處から神の聖き山へ連れて行き、其處でイスラエル全家は神を禮拜するに至るであらう、といふのである。この外にもなほ他の諸個所が通常人々に依つて、殊にパリサイ人たちに依つて擧げられてゐるが、然し余はこの二つに答へればすべてに充分答へたことになると信ずる。このことを余は、神はヘブライ人たちを永遠的に選んだのではなくてたゞ先にカナン人たちを選んだと同じ條件に於ての み選んだのであることを聖書そのものから示すことに依つて容易に爲し得るであらう(我々が上に示したやうにこのカナン人たちも亦神を敬虔に禮拜する司祭たちを持つたのであるが、神はそれにも拘はらずカナン人たちをその放縱と遊惰と偶像禮拜との故に排斥したのであつた)。事實モーゼは利未記十八章二十七・二十八節に於て、イスラエル人たちに對し、カナン人のやうに不倫に汚れないやうに、そして地が嘗て其處に住んでゐた民族を吐き出したやうに彼らをもその地から吐き出されないやうにと戒めてゐる。又彼は申命記八章十九・二十節に於ては彼等に對し斷乎たる言葉を以て彼らの全面的破滅を威嚇してゐる。即ち曰く「我今日汝らに證《あかし》をなす、汝ら必ず滅びん。神が汝らの眼前に滅ぼし給ひし民らの如く汝らも滅ぶべし」と。尙ほこのやうな風に神がヘブライ民族を無條件に又は永遠的に選んだのではないことを明白に示す他の諸個所が律法の中に見出される。だから若し預言者たちが彼らに神の認識と愛及び神の恩寵に關する新しい永遠の契約を預言したとするなら、それは單に敬虔な人々に對してのみ約束されてゐるのであることを人は容易に認め得るであらう。事實我々が先に引用したエゼキエル書のその章は神が抗ふ者・背く者を彼らの中からふるひ落すといふことを明白に述べてゐるし、又ゼパニヤ書三章十二・十三節は、神は高慢な者たちを彼らの中から除き、貧しき者たちを後に殘すであらうと言つてゐる。そしてこの選拔は眞の德に關するのであるから、それがユダヤ人たちの中の敬虔な者にのみ約束されて他の敬虔な者どもにはされないと考へらるべきではない。むしろ異邦人の眞の預言者——すべての民族は、我々の示したやうに、さうした預言者を持つてゐた——たちは同じことを自分の民族の中の篤信な者たちにも約束し、彼らをそれに依つて慰めたのであると考へなくてはならぬ。故に神の認識と愛に關するこの永遠の契約は普遍的なものであり、このことは又ゼパニヤ書三章十・十一節からも極めて明らかである。斯くてこの點に關してはユダヤ人と異邦人との間に何らの相違を認むべきでないのであり、從つてユダヤ人には我我が既に示したあの選拔以外の如何なる選拔も特有ではなかつたのである。又預言者たちが眞の德にのみ關する選拔について語るに當り、犧牲や其他の祭式に關する、並びに神殿や都市〔エルサレム〕の再建に關する多くのことを混ぜて語つてゐるのは、預言の慣習と本性とに從ひ靈的な事柄をさうした象徵のもとに表現しようとしたのであり、同時に又彼らは、ユダヤ人たちの預言者として、ユダヤ人たちに、彼らの國家と神殿の復興がクロスの時代に期待さるべきであることを告げたのである。故にユダヤ人たちは、今日は、すべての民族以上に自分に歸し得る何物をも全然持たぬのである。さて又彼らが實に長い年月の間分散して自らの國家を持たずに存續して來たといふことは少しも不思議でない。彼らはすべての人々の憎しみを蒙るやうな樣式に於てすべての民族から分離して來たのであるから。この分離は外的諸典禮――他の諸民族の典禮と全く異なる――に依るのみならず、彼らが忠實に守つて來た割禮の印しにも依るのである。ところで諸民族の憎しみがユダヤ人たちを存續させるに與つて力があつたといふことは過去の歷史の示すところである。かつてイスパニヤ王がユダヤ人たちに對し國教に歸依するかそれとも追放されるかその一つを選ぶやうに强ひた時に、實に多數のユダヤ人がカトリック教に歸依した。しかしこの宗教に歸依した者には本來のイスパニヤ人が持つあらゆる特權が許され、彼らはすべての榮職に就く資格ありとされたので、彼らは直ちにイスパニヤ人と混り合ひ、いくばくならずして彼らに關しては何らの痕跡も何らの記憶もなくなつたのである。然るにポルトガル王が自國の宗教に歸依すべく强制したユダヤ人たちにはこれと全く反對の現象が起つた。彼らは國教に轉向したとはいへ、すべての人々から分離して生活したのであり、そしてそれは王が彼らをすべての榮職に就く資格なしと宣告したからであつた。余の考へに依れば、割禮の印しはこの點に於てかなり重大な意味を持つものであり、余はこれ一つだけに依つてもこの民族は永遠に存續するだらうと信ずる位である。否彼らの宗教の原理が彼らの心情を軟化せしめない限り、余は直ちにかう信じてもいゝ位である、彼らはいつか機會さへあれば、――人事は極めて變り易いものであるから、――彼らの國家を再び建てるであらうし、又神は再び彼らを選ぶであらう、と。かうしたことに關する著名な例は支那人に於て見られる。支那人も亦、頭の上の辮髮やうのものを忠實に守りつゞけてそれに依つて自己を他のすべての民族から分離してをり、かく分離しつつ數千年の間存續して來て年代といふ點に於ては他のすべての民族を遙かに凌駕してゐる。又彼らも常にその國家を保持して來たわけではなかつたが、然し國家を失つた後に又それを回復してをり、今後も、タタール人たちの精神力が富の惑溺と遊惰とに依つて弱くなり始めれば、必ずや又それを回復するであらう。

最後に若し誰かが、ユダヤ人たちはこの或はかの理由に依つて神から永遠に選ばれたのであるといふ說を擁護しようとするならば、余はその人が次のことをはつきり認めさへするならそれに反對するわけではない、——この選拔がユダヤ人たちにのみ特殊的である限り、それは一時的なると永遠的なるとを問はず、單に彼等の國家と物質上の安樂とにのみ關する（このことのみが一民族を他の民族から區別し得るのであるから）のであり、之に反して知性並びに眞の德といふことに關しては如何なる民族も他の民族から區別されず、從つてこの點に於ては一民族が他の民族にまして神から選ばれるといふことがない、といふさうした事どもをその人がはつきり認めさへするならば。

第四章

神の法について

法(lex)といふ言葉は、それ自體で考へれば、各〻の個物——一切の個物或は同一種族に屬する一定數の個物——が依つて以てある定つた・一にして同一なる樣式に於て行動する所以のものを意味する。然しこの法は本性の必然性に依存するか、或は人間の意志に依存するかである。本性の必然性に依存する法とは、事物の本性そのもの乃至事物の定義そのものから必然的に生ずる法である。これに反して人間の意志に依存する法——そしてそれはむしろ法的規約と呼ぶのが適當であらう——とは、人間が一層安全に且つ一層快適に生活する爲に、或は他の諸理由のために、自分並びに他人に對して規定する法である。例へば、すべての物體はより小さい他の物體に衝突すると他の物體に傳へただけの運動量を自己の運動量の中から失ふといふのはすべての物體に普遍的な法であり、これは本性の必然性から生ずる。同樣に又、人間が或る事物を思ひ出す時、直ちにそれと類似する他の事物を、或はそれと同時に見た他の事物を思ひ出すといふのも人間の本性から必然的に生ずる法である。これに反して、人間が自己の自然權の中の或物を自發的になり强制的になり放棄して一定の生活規則に自己を束縛するといふことは人間の意志に依存する。そして余は一切萬事が自然の普遍的諸法則に依り或一定の樣式に於て存在し・活動すべく決定されることを無條件で認めるけれども、余は然し後者のやうな法をやはり人間の意志に依存してゐると言ふ。その理由はかうである。一、人間は自然の一部分である限りに於て自然の力の一部分を構成する。だから人間の本性の必然性から生ずる事柄、換言すれば人間の本性を通して規定されると考へられる限りに於ての自然そのものから生ずる事柄は、必然的に生ずるのであるとはいへ、やはり人間の力に依つて生ずるのである。だからかかる諸法の設定は人間の意志に依存すると言つて然るべきである。さうした諸法の設定は次の意味に於て、卽ち人間の精神は事物を眞並びに僞の觀點のもとに認識する限りさうした諸法なしにも明瞭に考へられ得るが我々が先に定義したやうな必然的な法なしには考へ得られないといふ意味に於て、專ら人間の精神の力に依存するのであるから。二、かうした諸法が人間の意志に依存すると余が言つたのは次の理由からでもある。即ち我々は事物をその最近的原因に依つて定義し・説明しなければならぬからであり、又運命並びに諸原因の聯結に關する一般的觀察は個々物に關する我々の思想を形成し・整序するに當り少しも我々の役に立たないからである。加ふるに我々は、諸物の序列そのもの・聯結そのものを、換言すれば如何なる風に諸物が實際に於て整序され・聯結されたかを全然知らないのであり、從つて我々は、實生活に於ては、諸物を可能的なものとして考へるのが適當であり、否むしろ必然なのである。

それ自體に於て考へられた法については之れだけにする。

然し法といふ言葉は轉化して自然物に適用されるやうに見える。そして普通に法とは、人間が果すことも蔑ろにすることも出來る命令（その命令は、人間の力が一定の限界以上に延びることを抑制するが、又その命令は、自己の力量以上の何事をも命じ得ないから）の意味にのみ解される。だから法とは特に又次のやうに定義され得るやうに見える、――法とは人間が或目的のために自分若しくは他の人々に對して規定する生活規則である、と。然し法の眞の目的は僅少の人々にしか知られないのが常であり、大抵の人々は法の目的を把握することが出來ないし又大抵の人々は少しも理性に從つて生活しないのであるから、この故に立法者たちは、賢明にも、すべての人々を同様に拘束する爲に、法の本性から必然的に生ずる目的とは全く異なる別な目的を立てた。即ち彼らは、法を服膺する者に對しては一般の人々が最も愛するところのことを約束し、之に反して法を犯す者に對しては一般の人々が最も恐れることを以て威嚇したのである。このやうにして彼等は恰も馬を手綱でする如く一般の人々を出來る限り抑制しようと力めた。この結果人間に對して他の人間の命令に依つて規定される生活規則が專ら法と見做されるやうになり、從つて法に服從する者は法の支配下に生活すると言はれ、又さうした人々は仕へる者と見られるやうになつたのである。事實、絞首臺を恐れるが故に各人に對して各人のものを認める者は、他人の權力に依つて、又禍ひへの恐れに强制されて行動してゐるのであり、之は正義者と呼ばれ得ない。之に反して法の眞の理由とその必然性とを知るが故に各人に對して各人のものを認める者は、確乎たる精神に依つて、又他人の決定にでなく自己の決定に依つて行動してゐるのであり、從つて正義者と呼ばれるに値ひする。パウロが、（二）律法のもとに生活した者は律法に依つて義とされるわけにはゆかなかつたと言つてゐるのは、やはりこのことを教へようとしたのだと余は考へる。

事實正義とは、一般の定義に從へば、各人の權利を各人に對して認めんとする確乎且つ恆常的意志だからである。(二) だからソロモンは箴言二十一章十五節に於て、裁きの行はれるのは正しき者の喜びであり不正なる者の恐れであると言つてゐる。

このやうに、法とは人間が或目的のために自分或は他の人々に對して規定する生活規則に外ならないから、その故に法は、人間の法 (lex humana) と神の法 (lex divina) とに分かたれるやうに思はれる。人間の法といふことを余は、生活並びに國家の安全のためにのみ役立つ生活規則と解する。之に反して神の法といふことを余は、最高善をのみ對象とする、換言すれば神の眞の認識と愛とをのみ對象とする生活規則と解する。余がさうしたものを神の法と呼ぶ理由は最高善の本性の中に存する。この本性について余はここで簡單に、然し出來るだけ明瞭に示さうと思ふ。

知性は我々のよりよき部分であるから、我々は眞に我々の利益を求めようと欲すれば何にもまして知性の可及的完成に努力せねばならぬ。何故なら知性の完全性、認識の完全性の中にこそ我々の最高善は存せねばならぬからである。更に我々の一切の認識並びに確實性(それは實際に於てあらゆる疑惑を排除する)は專ら神への認識にのみ依存する。蓋し神なしには何物も存在し得ず又考へられ得ないからであり、又我々が一切について疑ひ得るのは神に關する明瞭且つ判然たる觀念を持たない限りに於てなのだからである。この結論として、我々の最高善並びに完全性は專ら神への認識にのみ依存する云々といふことが出てくるのである。次に何物も神なしには存在し得ず又考へられ得ないのであるから、自然の中に存する一切物は自己の本質と自己の完全性とに應じて神の概念を自らの裡に包含し且つ表現するといふことが確實である。だから我々は、益〻多く自然物を認識するに從つて神に關する益〻大きな又益〻完全な認識を獲得することになる。換言すれば、(結果を原因に依つて認識するといふことは原因の或特性を認識することに外ならないから、)我々は、益〻多く自然物を認識するに從つて益〻完全に神の本質(それはあらゆる事物の原因である)を認識することになる。斯くて我々の全認識、換言すれば我々の最高善は、單に神への認識に依存するといふばかりでなく、徹頭徹尾神への認識の中に存するのである。このことは、人間は、何物にもまして愛するものの本性と完全性とに應じて一層完全になり、反對に〔愛するものの不完全性に應じて一層不完全になる〕といふことからも歸結される。つまり神――最完全なる實有――への知的認識を何物にもまして愛し且つこれを最も喜ぶ者は、必然的に最完全な人間であり、又最高福祉に最も多くあづかるのである。故に我々の最高善乃至我々の福祉は結局これ、——神への認識と愛とであるといふ結果になる。斯くて人間のすべての行動のこの目的が要求する諸手段、即ち神の觀念が我々の中に存する限りに於て神自身が要求する諸手段は、神の命令と呼ばれ得る。それはいはば我々の精神の裡に存在する限りに於ての神自身に依つて我々に命ぜられるのだから。從つてこの目的を對象とする生活規則は當然神の法と呼ばれ得るのである。ところでこれらの手段がどんなものであり又この目的が要求する生活規則がどんなものであるか、更に又この目的から如何にして最上なる國家の諸基礎並びに人間相互間の生活規則が導き出されるか、さうしたことどもは倫理學全般に屬する。ここでは余はたゞ神の法一般についてのみ語り續けて行かう。

以上の如く神への愛は人間の最高の幸福若しくは福祉であり又人間のすべての行動の終局的目的乃至目標であるから、これからして、神を愛さうと力める者、但し刑罰への恐れからではなく又他のもの——快樂・名譽等々——への愛からでもなく、たゞ神を認識してゐる故にのみ、或は神への認識と愛とが最高の善たることを知つてゐる故にのみ神を愛さうと力める者、さうした者のみが神の法に從つてゐるといふことになる。故に神の法の核心又は神の法の最高命令は神を最高の善として愛することにある。そして之は、今言つたやうに、何らかの刑罰や禍ひへの恐れに基づくのではなく、又我々を喜ばせる他のものへの愛に基づくのではない。蓋し神の観念そのものが我々に次のことを、即ち神が我々の最高の善であること、換言すれば神への認識と愛とは我々の一切の行動が向けらるべき終局的目的であることを告げてゐるのだから。然し肉的人間はこの眞理を理解することが出來ないので、彼にとつてそれは空虚なもののやうに見える。それは彼が神に關して極めて貧弱な認識しか持たないからであり、又彼はこの最高善の中に手で觸れたり食べたり或は最後に官能——快樂の根源たる——を刺戟したりする何物をも見出し得ないからである。實にこの善は專ら觀想と純なる思惟の中にのみ存するのであるから。これに反して認識や健全な精神以上に優れたものが存在しないことを知る人々はこれを疑ひもなく最も確乎たるものと判斷するであらう。以上に依つて我々は、神の法が主として如何なる點に存するか、又人間の法とは如何なるものであるかを説明したことになる。といふのは、今言つた以外の目的を追求するすべての法が人間の法なのであるから。但し啓示に基づいて建てられた法はこの限りではない。何故なら、かかる觀點の下に於ても事物は神に關聯させられ得る（上に示したやうに）からである。そしてモーゼの律法は、普遍的なものではなくて專ら一民族の性格に應じ又特にその民族の維持のために定められたものであるとはいへ、やはりこの意味に於て神の法或は神法と呼ばれ得る。我々がそれを預言的光明に基づいて立てられたのであると信ずる限りは。

これまで說明した自然的な神の法の本性に注意するならば、我々は次のことを知るであらう。一、この法は普遍的なもの、換言すればすべての人間に共通的なものである。何故なら我々はそれを普遍的な人間の本性から導いたのであるから。二、この法は史的物語（historiae）——その物語がどんな種類のものであらうとも——を信ずることを要求しない。蓋しこの自然的な神の法は人間の本性を觀察することだけに依つて理解されるのである以上、我々は確かにそれをアダムの中にも他の任意の人間の中にも、又人々の間に住んでゐる人間の中にも孤獨生活をしてゐる人間の中にも齊しく認識し得るからである。なほ史的物語への信憑は、たとへどんなに確乎たるものであつても、神への認識を、從つて又神への愛を我々にもたらすことが出來ない。といふのは神への愛は神への認識に基づくのであり、そして神への認識はそれ自身に於て確實且つ明瞭な普遍的諸概念から摑みとられねばならぬからである。故に史的物語への信憑が我々の最高善へ達する爲の必然的一要件であるなどといふことは全然あり得ない。然し史的物語への信憑は神への認識と愛とを我々にもたらすことが出來ぬとはいへ、さうした物語の繙讀は市民的生活に關する限り極めて有益であることを我々は否定しない。何故なら我々が人々の風習や事情（それは何よりも彼らの行爲から一番よく知られ得る）を一層よく觀且つ識るにつれて、我々は人々の間に伍して生活する爲の思慮を一層多く得ることが出來るし、又我々の行爲と生活とを彼らの性格に一層よく適合させる（それが理性に合致する限り）ことが出來るからである。三、我々は又次のことを知るであらう。この自然的な神の法は諸〻の祭式を要求しない。換言すれば、それ自身に於ては善でも惡でもなくたゞ制度の故にのみ善と呼ばれるやうな行爲、或は單に救靈の爲に必要な或る善の象徵に過ぎないやうな行爲、或は人間の把握力を以てしてはその理由を解し得ないと言つてもいゝやうな行爲、さうした行爲を要求しない。何故なら自然的光明は自然的光明自身の到り得ない如何なることをも要求せず、たゞそれが善であることを、或はそれが我々の福祉への手段であることを我々に極めて明瞭に示し得ることをのみ要求するからである。しかし命令又は制度の故にのみ善であるやうな事柄、或は或る善を象徴する故にのみ善であるやうな事柄は我々の知性を完成するに役立たない。それは單なる影以外の何物でもなく、又それはいはば知性並びに健全な精神の裔《すゐ》若しくは實《み》であるところの行爲の中には數へられ得ない。これについてここにこれ以上詳しく論ずることは不要である。四、終りに我々は次のことを知るであらう。神の法の最高の報酬は法自身に存する、換言すれば神を認識し且つ神を眞の自由と純粋且つ確乎たる精神とに依つて愛することに存する、これに反してその刑罰はかかる善の缺除と官能への隷屬、換言すれば不安定で動搖する精神に存する。

以上の觀察の後、我々は次のことを探究しなくてはならぬ。一、我々は、自然的光明に依り、神を立法者として、或は人間に法を規定する君侯として考へ得るかどうか。二、聖書は自然的光明並びにこの自然的な法についてどう敎へてゐるか。三、如何なる目的のために諸〻の祭式が嘗て制定されたか。四、最後に聖書の物語を知り且つ之を信ずることはどんな意味があるか。余は初めの二つについては本章に於て、終りの二つについては次章に於て論ずるであらう。

第一の問に對する答は神の意志の本性から容易に導き出される。神の意志が神の知性と區別されるのはたゞ我々の理性の上でのみである。換言すれば、神の意志と神の知性とはそれ自體に於ては實際一にして同一なのであり、たゞ我々が神の知性に關して形成する思想の上でのみ區別されるのである。例へば、我々が三角形の本性についてたゞ次のことをのみ、——三角形の本性は神の本性の中に永遠この方永遠の眞理として含まれてゐるといふことをのみ眼中に置く時、その時に我々は、神が三角形の觀念を有する、或は神が三角形の本性を認識すると言ふのである。然し我々がその後で次のことを、——三角形の本性が斯くの如く神の本性の中に含まれてゐるのは專ら神の本性の必然性に依るのであつて三角形の本質と本性との必然性に依るのではないことを、のみならず更に三角形の本質と諸特性との必然性はそれが永遠の眞理として考へられる限り專ら神の本性と神の知性との必然性に依存するのであつて三角形の本性に依存するのではないことを眼中に置く時、その時に我々は、先に神の知性と名附けたところのものを神の意志又は決定と呼ぶのである。だから我々が神は三角形の內角の和が二直角に等しいことを永遠この方決定し意欲したと言つても、或は又神はそのことを認識したと言つても、それは神に關する限りは同じことなのである。これからして、神が肯定し或は否定する一切は常に永遠の必然性を、即ち永遠の眞理を含んでゐるといふことが歸結される。

故に若し例へば神がアダムに對して、自分はアダムが善惡を知る樹の實を食ふことを欲しないと言つた（三）とすれば、アダムがその樹の實を食ひ得るといふことは矛盾を含むことになる。從つてアダムがその樹の實を食ふと、ふことは不可能であつたであらう。さうした神の決定は永遠の必然性と眞理とを含んでゐた筈であるから。然るに聖書は神がそれをアダムに禁じたけれどもアダムはそれにも拘はらずそれを食べたと語つてゐるのであるから、之は必然的にかう考へねばならぬ、神はアダムに對してアダムがその樹の實を食ふ場合に必然的に生ずるであらうところの禍ひをのみ啓示したのであつて、その禍ひの生起の必然性を啓示したのではない、と。從つて又アダムはその啓示を永遠にして必然的な眞理として把握したのではなくて、たゞ法として、換言すれば利益又は損失を隨伴する――但し遂行された行爲の必然性と本性とに基づいてではなく、單に或君侯の意向と絕對命令とに基づいて――ところの規定として把握したのである。だからその啓示はアダムにとつてのみ、又アダムの認識力の不足の故にのみ法であつたのであり、そして神はアダムにとつていはば立法者或は君侯であつたのである。（四）

この同じ原因の故に、卽ち認識力の不足の故に、十誡《デカログス》はヘブライ人たちにとつてのみ法であつた。つまり彼らは神の存在を永遠の眞理として認識しなかつたが故に、彼らは十誡の中で彼らに啓示された事柄、卽ち神が存在すること並びに神のみを禮拜すべきことを律法として把握しなければならなかつたのである。若し神が何らの感覺機關を媒介とせずに直接的に彼らと語つたのであつたとしたら、彼らはこのことを律法としてではなく永遠の眞理として把握したであらう。

我々がイスラエル人たち並びにアダムについて言つてゐることは神の名に於て律法を書いたすべての預言者にもあてはめることが出來る。彼らも亦神の諸決定を永遠の眞理として十全的に把握したのではなかつた。このことは例へばモーゼ自身についても言ひ得る。モーゼは、イスラエル民族が世界の一定地域に於て最もよく結合し得る爲の、又イスラエル民族が完き社會を形成し或は國家を建設し得る爲の手段方法を、更に又同民族が最もよく服從へ驅られ得るための手段方法を啓示に依つて、或は彼に啓示された諸〻の基本的思想に依つて認識したけれども、彼はその手段方法が最善のものであること並びに又さうした地域に於て結合された民族の全體的服從からイスラエル民族待望の目的が必然的に達せられることを認識しなかつたし、又さうしたことが彼に啓示されもしなかつた。ここを以て彼はこれらすべてを永遠の眞理としてではなく、たゞ命令或は規定として把握したのであり、又これを神の律法として命じたのである。この結果彼は神を指導者、立法者、王として、又慈悲者、正義者、等々として表象するに至つたのである。かうしたことは皆人間の本性にのみ相應しい屬性であつて神の本性からは全然除去さるべきものであるのに。だがこのことは神の名に於て律法を書いた預言者たちにのみあてはまるのであつてキリストにはあてはまらない。キリストはやはり神の名に於て法を書いたやうに見えるけれども、然しキリストは事柄を眞實且つ十全的に把握したと言はれねばならぬのであるから。實際キリストは預言者であるといふよりもむしろ神の口であつた。(五)即ち神はキリストの精神を通して(我々が第一章に示した如く)諸般のことを人類に啓示したのである、恰も神が先に諸〻の天使を通して、換言すれば創られた聲、諸〻の異象等を通してそれをなしたやうに。この故に神がその啓示をキリストの思想に適應させたと想定することの不條理なのは、神が先に啓示を預言者たちに傳へるためにその啓示を天使たちの思想に、換言すれば創られた聲や諸〻の異象の思想に適應させたと想定することの不條理なると一般である。實にこれ以上の愚かしい想定はあり得ない。殊にキリストはユダヤ人たちだけを教へるためにではなく、全人類を教へるために遣はされたのであり、従つてキリストの精神はユダヤ人たちの思想に適應させられただけでは充分でなく、むしろ人類に普遍的な思想と信念とに、換言すれば普遍的且つ眞實なる諸概念に適應させられねばならなかつたのであるから。そして神はキリストに或はキリストの精神に自己を直接的に啓示したのであつて預言者たちに對してのごとく言葉や像に依つてしたのではないといふことからして、我々は、取りも直さず、キリストは啓示を眞實に把握したのであること、換言すれば正しく理解したのであることを知り得る。何故といふに物は言葉と像とを離れて純粋に精神自體に依つて把握される時に始めて正しく理解され得るからである。斯くてキリストは啓示を眞實且つ十全的に把握した。だから彼が之をかつて法として命じたとしても、それは民の無智と頑迷との故にさうしたのである。故に彼はこの點に於て神と同じ行ひをしたわけである、彼は自らを民の能力に適應させたのであるから。そしてこのため彼は、たとへ他の預言者たちよりは幾分明瞭に語つてゐるとはいへ、やはり曖昧に、又屢〻比喩に依つて啓示を教へた。殊に未だ天國の奥義を知ることを許されなかつた人々と語る時にはさうであつた(マタイ傳十三章十節參照)。然し疑ひもなく彼は天國の奥義を知ることを許された人々に對しては物事を永遠の眞理として教へ、法として命じはしなかつた。そしてこのやうにして彼は彼らを法への隷屬から解放したのであるが、それにも拘はらず彼は、それに依つて却つて法を强化し、これを彼らの心に深く書き込んだのである。かうしたことをパウロも亦若干の個所に於て示してゐるやうに見える。例へばロマ書七章六節及び三章二十八節に於てである。然し彼も亦これについて明白には語らうと欲せず、むしろ彼自身が同書三章五節及び六章十九節に言つてゐるやうに、人間的言ひ方に從つて語つてゐる。彼は神に正義者の名を與へた時に特にこのことを斷つてゐるのであるが、更に又彼は疑ひもなくやはり人間の肉の弱さの故に神に慈悲・恩惠・怒り等を歸し、民衆の、換言すれば(彼自身コリント前書三章一・二節に言つてゐる如く)肉的人間の能力に彼の言葉を適應させてゐる。事實彼は、ロマ書九章十八節に於て、神の怒りと神の慈悲とは人間の業《わざ》に依るのではなくて專ら神の召命《ウオカチオ》に、換言すれば神の意志に依るのであることをはつきり教へてゐるのである。次に彼は何人も律法の業《わざ》に依つては義とされずたゞ信仰に依つてのみ義とされる(ロマ書三章二十八節參照)と教へてゐるが、この信仰といふことを彼は確かに精神の完全なる同意といふことに解してゐる。最後に彼は何人もキリストの精神を有せずには救はれ得ない（ロマ書八章九節参照）と教へてゐるが、このキリストの精神を通して神の法は永遠の眞理として把握されるのである。

これを以て我々はかう結論する。神は民衆の把握力に應じてのみ、又民衆の認識力の不足の故にのみ、立法者或は君侯として敍述され、又正義者・慈悲者等と呼ばれるのである、又神は實際に於ては自己の本性と完全性との必然性に依つてのみ行動し且つそれに依つてのみ一切を指導するのである、最後に又神の決定と意欲とは永遠の眞理であり、常に必然性を含んでゐるのである、と。そしてこれは余が第一に說明し證明しようと企てた事柄である。

さて第二の問に移り、聖書が自然的光明について並びにこの神の法についてどう教へてゐるかを知るために聖書の頁をめくつて見よう。先づ我々の逢着するのは最初の人間の物語である。其處に於ては神がアダムに善惡を知る樹の實を食ふことを禁じたことが語られてある。之は次のことを意味するやうに思はれる。即ち神はアダムに對して善を、それが善であるといふ故に――それが惡に反するといふ故にではなく――行ひ且つ求めるやうに、換言すれば善を善への愛の故に――禍ひへの恐れの故にではなく――求めるやうに命じたのである。何となれば、既に示したやうに、善を善への眞の認識と愛との故に行ふ者は確乎たる精神を以て自由に行動するのであり、之に反して禍ひへの恐れの故に之を行ふ者は禍ひの制壓下にあつて隷屬的に行動し他者の支配下に生きてゐるのだからである。かくて神がアダムに與へたこの唯一の命令は自然的な神の法全體を綜括するものであり、又自然的光明の指令に完全に合致する。尙ほ又最初の人間に關するこの物語或は比喩の全體をさうした根本思想から說明することも困難ではない。然し余はそれをやめて置かうと思ふ。それは余の說明がその物語の筆者の精神と合致するかどうかははつきり分らないし、それに又多くの人々はこの物語が比喩であることを容認せず實際の話であると强硬に主張してゐるからである。

だから聖書の他の個所を持ち出す方が適當であらう。殊にあの人間の手に成る個所がよいであらう。あの人間とは自然的光明に依つて語り、自然的光明にかけては同時代のすべての賢者たちに勝り、その思想は人々から預言者たちの思想と同等に神聖視されたその人間である。余はソロモンのことを言つてゐるのである。ソロモンが聖書に於て賞讚されてゐるのは預言や敬虔の故によりも聰明と智慧との故であつた。ソロモンはその箴言の中で、人間の知性を眞の生命の泉と呼び、又不幸は愚鈍の中にのみありとしてゐる。卽ち彼は十六章二十二節に、「知性はその主《あるじ》*の生命の泉にして、愚者の罰は愚鈍《おろか》是なり」と言つてゐるのであるが、ここに注意すべきは、生命といふことはヘブライ語では直ちに眞の生命を意味するといふことである。これは申命記三十章十九節から明らかである。つまり彼は知性の果實は正しい生活様式の中にのみありとし、刑罰は正しい生活様式の缺除の中にのみありとしてゐるのであつて、これは我々が自然的な神の法について四番目に注意したところのことと全く合致する。ところで生命のこの泉、換言すれば知性のみが我々の示したやうに賢者たちに對して法を規定するのであることはこの賢者〔ソロモン〕に依つても明白に說かれてゐる。何故なら彼は十三章十四節に於て、「賢者の法は生命の泉〔なり〕」と言つてゐるのであり、そして生命の泉とは今しがた引用した章節から明らかであ

＊　ヘブライ語固有の表現法。或ものを所持し又はそれを自己の本性の中に有する者は、そのものの主と呼ばれる。例へば鳥は翼を持つ故にヘブライ語では「翼の主」と呼ばれ、知的な人間は知性を有する故に「知性の主」と言はれる。

る如く知性のことだからである。更に又彼は三章十三節に於て知性は人間に福祉と幸福をもたらし且つ精神の眞の平安を與へることをはつきり教へてゐる。即ち曰く、「智慧を求め得る人及び叡智を得る人の子は福ひなり」と。その理由とするところは（彼が續いて十六・十七節に言ふやうに）「智慧は直接には＊永き日を與へ、間接には富と名譽を與ふ。その途《みち》（即ち智慧の示す道）は樂しき途なり。その徑《みち》すぢは悉く平康《やす》し」だからである。故にソロモンの見解に依つても亦、賢者たちのみが平和なそして確乎たる精神に於て生き得るのであり、この點賢者は神を蔑《なみ》する者たちとは類を異にする。神を蔑する者たちの心は對立する諸感情の間に動揺し、従つて彼らは（イザヤ書五十七章二十節にもある如く）平和も安らぎをも持たぬからである。最後にソロモンの箴言の中ではその二章に記されてあることが我々にとつて最も注意に價ひする。何故ならそれは我々の見解を極めて明瞭に裏書きするからである。即ち彼は同章三節に於て次の如く書き出してゐる。曰く、「汝若し聰明《さとり》を呼び求め叡智を得んと汝の聲をあげなば……汝は神を畏るることを了《さと》り、神を知る（或はむしろ愛する、何故なら jadah といふ言葉は知識と愛との兩義を有するから）ことを得べし。そは（ここに注意！）神は智慧を與へ、知識と聰明《さとり》とその口より（出づれば）なり」と。

この言葉に依つて第一に彼は智慧卽ち知性のみが我々に神を賢明に畏れること、換言すれば神を眞の宗教に依つて崇敬することを敎へるのであることを明瞭に語つてゐるのである。第二に彼は智慧と知識とは神の口から流れ出ること、又神が我々にこれを與へるのであることを敎へてゐるのである。同じことを、卽ち我々の知性と我々の知識とは神の觀念卽ち神への認識にのみ依存しそれより生じ且つそれに依つて完成されることを我々も先に示した。彼は引續き九節に於てこの知識は眞の倫理學と眞の政治學とを包含し、兩者はこの知識から導き出されることをはつきり說いてゐる。曰く「かくて汝は遂に正義《たゞしき》と裁判《さばき》と正直《なほき》と一切の善き道とを悟らん」と。彼はこれを以て滿足することなく、尙續けて言ふ、「知識汝の心に入り、智慧汝の靈に樂しからば、汝の愼重《つつしみ》**汝を守り、汝の聰明《さとり》汝を保たん」と。これらすべては自然的知識に完全にあてはまる。何故なら自然的知識は、我々に事物の認識を得させ・知識の卓越性を味はせた上で倫理學と眞の德とを敎へるからである。故に自然的知

* 生命を意味するヘブライ語固有の表現法。

** mezima は本來思索、熟慮又は用心を意味する。

性を涵養する人間の幸福と平安とは、ソロモンの考へに依つても、運命（卽ち神の外的援助）の支配には依存せずに自己の內的能力（卽ち神の內的援助）に專ら依存する。かうした人間は用心と行動と正しき思慮とに依つて自己を最もよく維持するからである。

最後にパウロの說いてゐる或る個所をここに看過することが出來ぬ。それはロマ書一章二十節にあるところのものである。彼は其處でかう言つてゐる（トレメリウスがシリア語のテキストから譯したところに依る）(六)。曰く、「それ神の隱れたるところとその永遠《とこしへ》の能力《ちから》と神性とは、世界の始めより、創られたる物に依り知性を通して知らるるが故に、人々は言ひ遁るる術なし」と。この言葉に依つて彼は次のことを、卽ち各人は自然的光明に由つて神の能力と永遠なる神性とを理解し且つ之に依つて人々が何を求め何を避けねばならぬかを認識し推理することが出來るといふことを充分明らかに語つてゐるのであり、この故に彼は、すべての人々が言ひ遁れるすべのないこと、又無智を以て辯解の辭となし得ないことを結論してゐるのである。若し彼が超自然的光明について、又キリストの肉體的受難や復活等について語つてゐるのだとしたら、さうは言へなかつたであらう。かくて彼はこの少し後の二十四節に於て引續き、「この故に神は彼らをその心の恥づべき情慾に打ち任せて云々」と言ひ、同章の終りに至つてゐる。それらの言葉に依つて彼は、無智より生ずる諸惡德を述べ、且つ之を無智の刑罰として數へ上げてゐるのである。之は我々が先に引用したソロモンの箴言十六章二十二節の「愚者の罰は愚鈍《おろか》是なり」といふのと全然趣きを同じうする。だからパウロが惡を爲す者は辯解の餘地がないと言つてゐるのは尤もである。各人はその播いた通りに刈り、惡からはそれが賢明に是正されない限り必然的に惡が生じ、善からはそれが確乎たる精神を伴ふ限り善が生ずるからである。

これを要するに、聖書は自然的光明並びに自然的な神の法を絕對的に推賞してゐるのである。そしてこれを以て余は、本章に論じようと意圖したことを果したことになる。

第五章

諸〻の祭式が制定された理由について。又史的物語への信憑について、換言すればさうした信憑が何故に、又如何なる人々のために必要であるかについて

前章に於て我々は、人間に眞の幸福を與へ・眞の生活を教へる神の法はすべての人間に普遍的であることを示した。のみならず我々はそれを人間の本性から導き出したので、それに依れば、神の法は人間の精神に生得的であり、いはば人間の精神に書き込まれてゐると考へてよいのである。ところで諸〻の祭式、少くとも舊約聖書の中に見出される祭式はヘブライ人たちに對してのみ制定され、ヘブライ人たちの國家に適應させられたものであつて、その大部分は社會全體に依つて果され得るもので各個人に依つて果され得るものではなかつたのであるから、さうした祭式が神の法とは何らの關係がなく、從つて又福祉と德とに對して何ら寄與するところが

ないこと確實である。それらの祭式はむしろヘブライ人たちの選拔にのみ、換言すれば（我々が第三章に於て示したところに依り）彼等の物質上の一時的幸福と彼らの國家の安寧とにのみ關聯したものであり、この故にそれは彼らの國家の存續してゐる間に限つて價値を持ち得たのである。だからさうした祭式が舊約聖書の中で神の法に關係させられてゐても、それはたゞそれらのものが啓示に基づいて、或は啓示された諸原理に基づいて制定されたためだつたに過ぎない。然し理論はどんな確實なものでも一般の神學者たちをあまり納得させ得ないから、我々は今しがた示した事どもを更に聖書の典據に依つて裏書きし、その上事態を一層明瞭にする爲に、さうした祭式が如何なる理由で、又如何なる風にユダヤ人たちの國家の確保と維持とに對して役立つたかを示さうと思ふ。

　イザヤは、神の法とはもともと正しい生活樣式を主體とするあの普遍的な法を意味し、諸〻の祭式を意味しないことを、極めて明瞭に教へてゐる。彼は一章十節において、神の法を彼に聽くやうに自國民へ呼びかけ、先づ神の法からあらゆる種類の犧牲《いけにへ》とあらゆる祭りとを排除し、その後で法そのものを教へ（十六・十七節參照）、そしてこれを次の僅かな誡命の中に——卽ち魂の淨化、德或は善の實行と習慣、貧民の救助の中に要約してゐる。詩篇四十篇七・九節もこれに劣らぬ明瞭な證據を提供する。卽ち詩篇作家はその個所で神に向つてから呼びかけてゐるのである、曰く、「汝犧牲《いけにへ》と祭物《そなへもの》とを喜び給はず、汝我が耳を開き*給へり。汝燔祭《はんさい》と罪祭《さいさい》とを求め給はず。我が神よ、我はみこゝろに從ふことを樂しむ。汝の法《のり》は我が內に在り」と。つまり彼は彼の內部に、卽ち彼の精神に書き込まれてある法をのみ神の法と呼び、諸〻の祭式を神の法から排除してゐるのである。何故なら祭式は制度の故にのみ善であつて本性上善なのではなく、從つてそれは精神の中に書き込まれたものではないからである。この外にも同じことを證據だてる個所がもつと聖書の中に見出されはするが、然し以上の二つを擧げただけで充分であらう。

　ところで祭式は何ら福祉に寄與することがなくたゞ國家の一時的幸福にのみ關聯するのであるといふことは、聖書そのものからも明らかである。聖書は祭式の遵守に對しては物質上の便益と悅樂とをしか約束せず、普遍的な神の法に對してのみ福祉を約束してゐるのだから。實際俗に言ふモーゼ五書の中には、上に述べたやうにさうした一時的幸福、例へば榮職乃至名譽、勝利、富、悅樂、肉體の健康等以外の何物も約束されてゐないのである。そしてこの五書は諸〻の祭式のほかに多くの道德上の教へを含んではゐるけれども、然しそれは萬人に普遍的な道德法として存するのではなくて專らヘブライ民族の把握力と性格とにのみ適應させられた誡命、從つてまた彼らの國家の利益をのみ意圖する誡命として存するのである。例へばモーゼは殺す勿れ、或は盜む勿れといふことを教師として或は預言者としてユダヤ人たちに教へたのではなくて、これを立法者又は君侯として命じたのである。何故なら彼は、道德法を理性に依つて證明したのではなくて、命令に刑罰を隨伴させたのであるが、刑罰といふものは、經驗が充分教へる如く、各民族の性格に應じて異なり得るし、又異ならねばならぬからである。かくして彼は、姦淫する勿れといふことを命令するに際しても社會又は國家の利益のみを眼中に置いてゐるのである。若し彼が之を國家の利益のみにでなく各人の精神の平安と眞の福祉とに關聯する道德法として說かうと欲したのであつたら、單に外的行爲をばかりでなく精神の同意をも罰したであらう。事實キリストはさうしたのである。キリストは普遍的道德法をのみ說いたのであるから（マタイ傳五章二十八節參照）。この故にキリストはモーゼ

＊ 認識せしめることを意味する成句。

のやうに物質的報酬をでなく靈的報酬を約束した。前にも言つたやうに、キリストは國家を維持し法を制定する爲に遣はされたのではなくて、普遍的な法を說くためにのみ遣はされたのであるから。そしてこれからして、キリストはモーゼの律法を決して廢止したのではないことが容易に理解される。何故ならキリストは、何らの新しい律法をも國家に導入しようと欲したのではないから。むしろキリストは道德法を說きこれを國法から區別するといふことを何より意圖したのである。しかもそれは主としてパリサイ人たちの無智の故にさうしたのである。パリサイ人たちは國家の法規卽ちモーゼの律法を守るだけで幸福な生活が送れると考へたのであつた。モーゼの律法は、前にも言つたやうに、政治的見地に於てのみ建てられ、ヘブライ人たちを敎へるよりは强壓するのに用ひられたのであるのに。

然し我々の當面の問題に戾つて、聖書の他の個所を、祭式の遵守に對しては物質上の利益以外の何物をも約束せず、普遍的な神の法に對してのみ福祉を約束してゐるさうした個所を持ち出さう。預言者たちの中にあつてイザヤほどこのことを明瞭に說いた者はない。イザヤは五十八章に於て僞善を難じた後で自己に對する自由と隣人に對する愛とを推賞し、かうした德に對して次のことを約束してゐる、曰く、

「然る時は汝の光、曉の如く現はれ出で、汝速かに癒やさるることを得《え》、汝の正義は汝の前に行き、神の榮光は汝を群《むれ》に加へん*云々」(一)と。彼はこの後で安息日をも推賞し、安息日を忠實に守ることに對しては次のことを約束してゐる、曰く、「然る時汝は神と共に樂しむべし**、我は汝を地の高き處に乘らしめ***、汝が先祖ヤコブの遺產をもて汝を養はん、こはエホバの口より語り給へるなり」(二)と。之に依つて我々はイザヤは自由と愛とに對しては健全な身體に於ける健全な精神を、並びに死後に於ける神の榮光を約束し、祭式に對しては國家の安全、繁榮並びに物質的幸福をしか約束してゐないことを知り得るのである。詩篇十五篇及び二十四篇には祭式のことは云々されず、たゞ道德上の教へのみが云々されてゐるが、これはそれらの詩が比喩

---

* ヘブライ語固有の表現法で死の時を意味する。「その民の群に加はる」といふのが死ぬことを意味することは創世記四十九章二十九・三十三節參照。

** 端正なる樂しみを持つことを意味する。オランダ語でも「神と共に、そして名譽と共に」(met Godt en met eere) といふことが言はれる。

*** 馬を手綱で抑制するやうに或物を支配することを意味する。

的にではあるが福祉をのみ問題とし福祉をのみ目標としてゐるためである。何故なら其處で言ふ神の山、神の帷幄《あげばり》、その帷幄の中への居住といふことは確かに福祉と精神の平安とを意味し、エルサレムの山又はモーゼの幕屋を意味しないからである。事實さうした場所は何人に依つても住まれなかつたのであり、それはたゞレビ族に屬する者たちに依つてのみ管理されたのであるから。更に我々が前章に引用したソロモンのあのすべての箴言も亦知性と智慧との涵養に對してのみ眞の福祉を約束してゐる。實に智慧に依つてのみ神への畏れが理解され、神への認識が見出されるのであるから。

ところでヘブライ人たちがその國家の滅亡後は祭式の施行に義務づけられてゐないことはエレミヤから明らかである。エレミヤは都市〔エルサレム〕の滅亡が目前に迫つてゐるのを見てこれを預言しつゝかう言つてゐる、「神は己れが地に慈悲と裁判《さばき》と正義《たゞしき》とを行ふ者なるを知り且つ曉《さと》る者のみを愛し給ふ。されればこれより後の日は之を知る者のみ讃ふるに値ひすべし」（九章二十三節參照）と。之を敷衍すれば、神は都市の滅亡後はユダヤ人たちに對して何ら特殊なことを要求せず、又彼らに對して將來はあらゆる人間が拘束される自然の法以外の何ものをも求めないといふことになる。尙ほ又新約聖書もこのことを明白に裏書きしてゐる。事實新約聖書の中には、前にも言つたやうに、道德法のみが說かれ、それを守る者に對しては天國が約束されてをり、これに反して、諸〻の祭式はといへば、それは、福音が他の國家の法規に拘束されてゐた諸民族に對しても宣傳され出した後には、使徒たちに依つて廢止された。ところでパリサイ人たちが國家の喪失後もそれらの祭式を、或は少くもその大部分を、守りつゞけたのは、神を喜ばせようとしてよりもキリスト教徒たちと張合ふ氣持からであつた。その證據に彼らは、都市の最初の滅亡後バビロンに捕虜として連れて行かれた時、忽ちに祭式を放棄した、それは當時彼らは、余の知る限り、まだ黨派に分れてゐなかつたからである。のみならず彼らはモーゼの法全體から離れ、祖國の法規を全く餘計なものとして忘却に委ね、自らを他の諸民族と區別なくし始めたのであつた。之はエズラ書やネヘミヤ記から十二分に明白である。故にユダヤ人たちが國家の崩壞後はモーゼの法に拘束されないこと恰も彼等がその社會乃至國家の建設以前に於てさうであつたのと同樣であること疑ひない。というのは彼らはエヂプト脫出以前に他の諸民族の間に生活してゐた間は何等特殊的な法を持つてをらず、たゞ自然法にのみ、又疑ひもなく彼等が生活してゐた國家の法規――それが自然的な神の法に矛盾しない限り――にのみ拘束されてゐたのであるから。ところで族長たちが神に犠牲《いけにへ》を獻げたといふことに關して言へば、それは余の意見では、子供の時代から犠牲に慣れた彼らの心を一層敬神へ驅りたてんが爲であつた。何故ならエノスの時代この方すべての人間は全く犠牲に慣れ、彼らは專ら之に依つてのみ敬神へ驅られたからである。故に族長たちは何らかの神の法の命令に依つてではなく、或は神の法の普遍的諸原理に教へられてではなく、たゞ彼らの時代の慣習に從つてのみ神に犠牲を獻げたのである。又たとへ彼らが誰かの命令に從つてそれを爲したとしても、その命令は彼らが生活してゐた國家の法規の命令に外ならなかつた。彼らと言へども(余が既にここで示し、又第三章に於てもマルキゼデクについて語つた時に注意したやうに)、その生活してゐた國家の法規には拘束されてゐたからである。

これで余は余の意見を聖書の典據に依つて裏書きしたと考へる。殘るのはたゞ如何なる風に、又如何なる點に於て祭式がヘブライ人たちの國家を維持し強化するに役立つたかを示すことだけである。之を余は普遍的原理に依つて出來るだけ簡單に示すであらう。

社會といふものは、敵から安全に生活する爲にばかりでなく、又多くの事柄に關して手間をはぶく爲にも、極めて有利であり、必要缺くべからざるものでさへある。實際若し人間が相互に助け合ふことをしなければ、人間には自己を出來得る限り維持し涵養する爲の技術と時間とが不足するであらう。何故ならすべての人がすべての仕事に同等に適當してゐるわけではなく、從つて各人はさうなればその最も必要とするところの品々を獲ち得ることが出來ないであらうからである。敢へて言ふ、若し各人が單獨で耕し、播き、刈り、挽き、炊ぎ、織り、縫ひ、その他生を支へる爲の實に多くの事柄をしなければならぬとしたなら各人には力と時間とが不足するであらう。人間の本性の完成とその福祉とのために最も必要な諸〻の技術や學問については今言はないとしても。事實我々は國家的團結をなさずに野蠻な生活をしてゐる人間が實に慘めな、殆ど獸的な生活を營んでゐるのを見てゐる。しかも彼らはその持つ僅かのもの（それは極めて慘めな粗末なものであるけれども）をやはり何らかの意味に於ける相互的援助に依つてのみ得てゐるのである。

さて若し人間が本性上眞の理性の指示することをのみ欲するやうな風に出來てゐるとしたら、社會は確かに何らの法律をも要しなかつたであらう。むしろ人間に眞の道徳法を教へ、人間をして眞に有利なことを完き・自由なる決意に依つて自發的に爲さしめるだけで絶對に充分であつたであらう。しかるに人間の本性は之と全く違つた風に出來たものである。すべての人間は成程自己の利益を求めはするが、しかしそれは決して健全な理性の指令に依つてではない。否、多くの場合、彼らは欲望と激情(かうした激情は將來のことやその他種々のことを考慮しない)とにのみ驅られて諸般のものを欲求し、且つそれを有利なものと判斷するのである。この歸結として、如何なる社會も支配と權力なしには、――從つて又人間の欲望とその放恣な衝動とを緩和し・抑制する諸〻の法律なしには存立し得ないといふことが出てくる。然し人間の本性は絶對的な强制を受けることを好まない。そして悲劇作家セネカが言ふやうに、「壓制的な支配を何人も永く持ち續けることが出來なかつた。穩和な支配こそ永く續く」(三)のである。何故なら人間は、恐怖からのみ行動する限り、その限りに於て彼らはその最も好まないことをしてゐることになり、彼らがなさなければならぬ事柄の有益性や必然性を考へに入れないからである。むしろ彼らはただ死刑や刑罰を蒙らないやうにのみこれ配慮する。のみならず彼らは支配者の不幸或は禍ひ――たとへそれが自分たちにとつても大きな不幸となる場合でも――を喜んだり、支配者に對してあらゆる不幸を望んだり、又出來れば自らそれを行つたりするのを禁じ得ないやうになる。次に人間は、自分と同等の人間に奉仕したり自分と同等の人間に支配されたりすることを何よりも厭ふものである。最後に、一度認めた自由を人々から再び奪ふといふことは極めて困難である。

これからして次のことが歸結される。先づ第一に、全社會は出來る限り共同で支配權を握り、何人も自分と同等の人間に奉仕すべく義務づけられず、すべての人間が自己自身に奉仕するやうにされなくてはならぬ。若し數人又は一人の人間のみが支配權を握るなら、その人間は普通の人間性以上の何物かを持つか、或は少くともさうしたものを持つてゐると民衆に確信させるやうに全幅の努力を拂はねばならぬ。次に、法律はどの國家に於ても次のやうな風に、——人間が恐怖に依つてよりはその最も欲求する何らかの善への希望に依つて抑制されるやうな風に制定されねばならぬ。かくの如くにすれば各人は喜んでその義務を果すからである。最後に、服從とは或人間が支配者の權力の故にのみ命令を實行することに存するのだから、これからして、支配權がすべての人間の手中にあり且つ法律が一般の同意に基づいて立てられるさうした社會にあつては服從といふことが全然問題にならぬのであり、そしてさうした社會にあつては法律の數が増さうと減らうと民は依然として同様に自由なのである。彼らは他人の權力の故にでなく自己自身の同意に基づいて行動するのだから。然るに一人の人間のみが絶對的に支配權を握る場合に於てはこれと反對である。何故ならその場合すべての人間は一人の人間の權力の故にのみ國家の命令を實行することになるからである。さうした支配にあつては、人々が始めから支配者に盲從するやうに敎へ込まれてゐるのでない限り、必要な場合に新しい法律を制定したり、一度認めた自由を民から奪つたりすることは困難である。

以上の普遍的な考察から轉じてヘブライ人たちの國家に移らう。ヘブライ人たちは、エヂプトから脱出した時に、もはや他の民族の法規に拘束されなかつた。從つて新しい律法を任意に立てること、換言すれば新しい法を制定すること、並びに國家を彼らの欲する場所に置き又その欲する土地を占據することは彼らの意のまゝだつたのである。然し彼らは、賢明な法規を制定して支配權を自分たちの手中に共同的に保持するのに極めて不適當であつた。彼らの殆どすべては粗野な精神の持主であり、又慘めな隷屬狀態に依つてへとへとにされてゐた。故に支配權はたゞ一人の人間の手中に、——他の人々に命令し、權力を以て他の人々を强制し、更に律法を規定し、又これを後で解釋すべき一人の人間の手中にのみ止まらねばならなかつた。かうした支配權をモーゼは容易に保持し得たのである。彼は神的力に依つて他の人人に卓越し、又自分がさうした力を持つてゐることを民に確信させ、之を數々の證據に依つて示した（出埃及記十四章終節及び十九章九節參照）からである。斯くて彼は彼が滿たされてゐた神的力に依つて法を制定し、之を民に守らせたのである。しかしこの際彼が最も意を用ひたのは民をして恐怖に依つてよりも自發的意志に依つてその義務を果させるやうにすることであつた。彼を敢へてさうさせたのは專ら二つの理由に基づく。それは民の反抗的精神（さうしたものは權力だけに依つては强制されない）と眼前に迫つてゐる戰爭とである。戰爭がうまく遂行されるためには兵士たちを刑罰や威嚇に依つて恐れさせるよりもこれを勵ますことが必要であつた。このやうにすれば各人は、刑罰のみを避けようとするよりは勇氣と精神の偉大さに依つて名聲を博さうと力めるからである。

この理由からモーゼは、神的力に依り、又神的命令に基づいて、宗教を國家の中に導き入れた、以て民に恐怖の念からよりも敬神の念からその義務を果させようとしたのである。次に彼は彼らを諸〻の恩惠に依つて義務づけ、又神の名に於て將來に對して色々なことを約束した。それに又彼はひどく嚴格な律法を立てたわけではなかつた。何人にまれその律法を検討した者は容易に我々の意見を容認するであらう、殊に罪の疑ひある者を罰するに必要とされた諸〻の條件を眼中に置くならば。最後に、自己の權利のもとにあり得なかつた民を、支配者に盲從させる爲に、彼は人々に對して、――隷屬狀態に慣れた人々に對して、何事をも自らの意向に從つてすることを容認しなかつた。卽ち民は何をするにつけても必ず律法を考へ且つ命令――支配者の意志にのみ依存する――を實行するやうに義務づけられた。彼らは任意に耕したり、播いたり、刈つたりすることが出來ず、たゞ律法にある一定の命令に從つてのみそれを爲すことを許された。同樣に彼らは何かを食つたり、着たり、又頭髮や髭を剃つたり、或は樂しみ事をしたり、その他凡そ何事をするにも、律法の中に規定された命令乃至誡命に依つてでなくては出來なかつた。否、これに止まらず、彼らは戶口の柱や手や目の間などに彼らを絕えず服從へ勵ます或印しをつけるやうに義務づけられた。

之を以て見るに、諸〻の祭式の目的は次の點に、卽ち人々をして何事をも自己の決定に依つてではなく一切を他者の命令に依つて爲すやうにさせ、又人々をしてそのすべての行動、そのすべての思索に際し、自分は全然自己の権利のもとにでなくて他者の權利のもとにあることを意識するやうにさせるにあつたのである。之らすべてからして、祭式は福祉に對して何ら寄與するところがないこと、並びに舊約聖書の諸祭式、否モーゼの律法全體がヘブライ人たちの國家をのみ、從つて又物質上の便益をのみ眼中に置いたのであることが火を見るより明らかである。

ところでキリスト教徒たちの祭式、——例へば洗禮、聖晩餐、諸祝日、外的祈禱、その他キリスト教全體に前から行はれ今も行はれてゐる數々の事柄に關して言ふに、それらが若しキリスト或は使徒たちに依つて制定された（このことは自分にとつて未だ充分明らかでない）とするならば、それは教會一般の外的記號として制定されたのであつて、福祉に何らかの寄與をなす事柄として、或はそれ自らに何らかの聖なるものを祕めてゐる事柄として制定されたのではない。これらの祭式は國家を顧慮して制定されたのではないとしても、やはり社會全般を顧慮したのであり、從つてさうした社會から離れて獨り住んでゐる者は少しも之に拘束されないのである。のみならず、キリスト教が禁止されてゐる國に住んでゐる者はさうした祭式を差控へなければならぬのであるが、それにも拘はらずその人間は幸福に生活し得るであらう。かうした例は日本國に於て見られる。日本國ではキリスト教が禁止せられてをり、同國に住むオランダ人たちは、東インド會社の命令に依つて、あらゆる外的禮拜を差控へなければならぬことになつてゐる。なほ余はこれらのことを他の典據に依つて裏書きしようとは今のところ考へてゐない。尤もこのことを新約聖書の諸原理から導き出し更にこれを諸〻の明瞭な證據に依つて證明することは困難ではないのであるけれども余はそれを措くことにしよう。余は他の事柄へ急いでゐるのだから。斯くて余は本章に於て第二番目に論ずべく意圖した事柄に移る。それは即ち、聖書の中に出てくる史的物語を信ずることが如何なる人々にとつて、又如何なる點に於て必要であるかといふことである。之を自然的光明に依つて探究する爲に余は次のやうに論を進めるのが適當と思ふ。

若し誰かが人々に對してそれ自體では明白でない何らかの事柄を勸め或は止めさせようと欲する場合、彼は人々にそれを信じさせる爲に自分の主張を既に承認されたことどもから導き出し、彼らを經驗に依つてか、或は理性に依つて納得させねばならぬ、換言すれば感覺的に把握される諸事實に依つてか、或はそれ自體で明白な知性の諸公理に依つて納得させねばならぬ。しかし經驗は、明瞭且つ判然と認識され得る底のものでない限りは、人々を納得させることは出來ても、專ら知性の諸公理のみから、換言すれば專ら知性の力とその認識序列とのみから導き出される敎へ程には知性を動かすことが出來ぬし、又さうした敎へ程には知性の上にふりかゝる雲霧を拂拭することが出來ぬ。殊に問題が感覺に依つては把握されぬ靈的な事柄に關する場合に於て然りである。しかしものごとを專ら知性の諸概念からのみ導き出すには一般に概念の複雜な連結を必要とするし、なほその外に並々ならぬ愼重、透徹な精神、高度の自己抑制を必要とするが、之らすべては人々の容易に持ち得ない性質である。ここに於てか人々は、自分のすべての概念を少數の公理から導き出してそれを相互に連結するよりは、むしろ經驗によつて敎へられることを欲する。だから若し誰かが或民族全體に、――敢へて人類全體にとは言はないまでも、――或敎へを傳へ、それを各人にすべての點に於て理解させようと欲する場合、彼は自分の考へを單に經驗に依つて證明し、且つその諸論據並びにその敎への諸定義を專ら民衆――人類の大部分を構成するところの――の把握力に適應させねばならぬのであり、決してそれらの論據を學的に連結したり、或は諸論據のより正しい連結に要するやうな諸定義を與へたりすべきではないのである。さもなくば彼は學者たちに對してのみ書いてゐることになる、換言すれば彼は人間の中の極めて少數者からしか理解されぬことになる。

ところで全聖書は先づ一民族全體の爲に、ひいては人類全體のために啓示されたのであるから、聖書の內容は專ら民衆の把握力に適應させられねばならなかつたのであり、又それは經驗に依つてのみ裏付けせねばならなかつたのである。我々は事態をもつと明瞭に說明しよう。

聖書の中で純粹に思辨に關する敎へは主として次のことである。卽ち神が存在すること、換言すれば萬物を創りこれを最高の智慧に依つて導き且つ支へる一實有が存在すること、その實有は敬虔且つ端正な生活をしてゐる人間に對しては深い配慮を持つてゐること、之に反してさうでない人間に對しては數々の刑罰を下しこれを善人たちから區別してゐること、さうしたことどもである。かうした敎へを聖書は專ら經驗に依つてのみ、換言すれば聖書の中に書いてある諸〻の史的物語に依つてのみ裏付けしてゐるのであり、聖書はこれらの事柄に關して何ら定義を與へてをらず、反對に一切の言葉と論據とを民衆の把握力に適應させてゐる。尤も經驗はこれらの事柄に關する明瞭な認識を與へることが出來ないし、又神の何たるかを、或は神が如何なる風に萬物を支へ且つ導き又人々の爲に配慮するかを教へることが出來ないけれども、しかしそれは人々の心に服從と敬神の念を植ゑつけるに足る程度には人々を教へさとすことが出來る。以上からして、聖書に出てくる史的物語を信ずることが如何なる人々にとつて又如何なる點に於て必要であるかが充分明らかであると余は考へる。つまり、之まで示した事柄からして、さうした物語の知識と信憑とが民衆にとつて——その精神力が物事を明瞭且つ判然と認識し得ない民衆にとつて極めて必要であることが最も明瞭に歸結されるからである。次に歸結されるのは、神の存在並びに物や人に對する神の攝理を信じないが故にさうした物語を否定する人間は不敬虔の徒であるといふこと、しかしさうした物語は知らないがそれにも拘はらず自然的光明に依つて神の存在並びに上記の諸〻の教へを知り且つ正しい生活規則を守つてゐる人間は幸福な人間であり、むしろ一般の人々より一層幸福なのであるといふことである。彼は正しい見解をのみならず明瞭且つ判然たる概念をも有してゐるのであるから。最後に歸結されるのは、聖書のさうした物語を知らず又自然的光明に依る認識を持たぬ人間は不敬虔の徒或は頑迷不靈の徒とは言へぬにしてもやはり眞當《またう》な人間ではなくて動物に近い人間であり、何ら神からの賜物を有しない人間であるといふことである。

しかしここに言つて置きたいことがある。我々が史的物語の知識を民衆にとつて非常に必要であると言つたのは、聖書の中に含まれてゐるすべての物語の知識のことではなくて、たゞその中の主要な物語、その物語だけあれば他の物語の助けを借りずとも上記の教へ（四）を明瞭に示し人々の心を強く動かし得るやうなさうした物語の知識のことである。事實若し聖書の教へを證據立てるためには聖書にあるすべての物語が必要であるとか、或はまた聖書の中に含まれてゐるすべての物語の全體的觀察に基づいてでなくては何らの結論も引き出し得ないとかいふことになれば、その教への證明と結論とはひとり民衆の、といはず凡そ人間の把握力と能力を越えるであらう。何故なら一體誰があれ程數多くの物語に同時に注意し、又あれ程多くの附帶的事情やあれ程多くの且つあれ程多様な物語から引き出されねばならぬこまごました教へやを同時に考察することが出來よう。少くも余は、聖書を現存の形に於て我々に殘してくれた人々がさうした證明過程を履み得る程巨大な精神力を持つてゐたとは信ずることが出來ない（六）。ましてや余は聖書の教へがイサクの爭ひ（五）やアブサロムに與へたアキトフェルの助言（七）やユダ國とイスラエル國との內亂やその他からうした種類の記録を知つた上でなくては理解され得ないなどとは思はぬ。或はまたモーゼ時代に生きてゐた原初のユダヤ人たちに對して聖書の教へを物語から證明することはエズラ時代に生きてゐたユダヤ人たちに對してそれをするよりも困難であつたなどとも考へない。しかしこれらについては後でもつと詳しく述べよう。

　これを以て見るに、民衆はその心を服從と敬神とへ最も強く動かしてくれるやうな物語だけを知れば澤山なのである。然し民衆自身はさうした物語について判斷する充分の能力を持たない。彼らは物語の中にある教へそのものによりも話の筋とか事件の珍らしい・思ひがけない顚末とかに多く興味を引かれるからである。だから彼らは物語を讀んだだけでは足りないのであつて、その上彼らの精神の弱さを補つてくれる教會の牧師や役者《えきしや》たちを必要とする。

　しかし我々は主題から離れることを避けて我々が專ら示さうと意圖したところのことを結論しよう。それは卽ち史的物語への信憑——その物語がどんな種類のものであらうとも——は神の法と何のかゝはりもないこと、物語への信憑はそれ自體では人間を幸福ならしめ得ないこと、又それは教へを說くに役立つ限りに於てのみ有益性を持つこと、この見地に於てのみ或物語が他の物語よりすぐれてゐるとされ得ることなどである。故に舊約聖書並びに新約聖書の中に含まれてゐる物語が他の一般世間の物語よりすぐれてをり、また聖書の中に含まれてゐる物語でも或ものは他のものよりすぐれてゐるのは、その物語から掬みとられる有益な見解に關聯してである。だから若し人が聖書の物語を讀んでそれをすべてにつけて信じはするが、聖書がその物語に依つて說かうとした教へに注意せず、又生活を改善しようとしないならば、それはコーランなり詩人たちの戯曲なり或は普通の記錄なりを民衆が常とするやうな注意の仕方で讀んだのと選ぶところがないのであり、之に反して、前にも言つたやうに、聖書の物語を全然知らないがそれにも拘はらず有益な見解と正しい生活様式とを持つ者は全く幸福な人間であり、實際に於てキリストの精神を自己の中に有する者である。

然しユダヤ人たちは之と全く反對の考へを持つてゐる。彼らはかう言ふ、正しい見解、正しい生活様式といへども人々がそれをモーゼに對して預言的に啓示された教へとしてではなく單に自然的光明にのみ基づいて抱懐してゐるのである限りは福祉に少しも寄與するところがない、と。マイモニデスは列王論八章十一則に於て之を次の言葉で公然と主張してゐる、曰く、「誰にもせよ七つの誡命*を受取つて之を忠實に實行した者は異國民中の敬虔者に屬し、彼は未來の世界の相續者である。但しそれは彼がその誡命を次の理由で、卽ち神はそれを律法の中に規定し給ひ且つそれが以前ノアの子供たちに與へられたものであることを我々にモーゼを通して啓示し給うたといふ理由で、受取り且つ實行した場合に於てである。之に反して若しその誡命を理性の敎へに基づいて實行したのであつたら、彼は我々の間に住む權利がないし、又異國民中の敬虔者にも智慧者にも屬しない」と。以上はマイモニデスの言葉であるが、之に對してシェム・トブの子のR・ヨセフはその著 Kebod Elohim 卽ち「神の榮光」の中で次のやうなことを附加してゐる。卽ちアリストテレス(彼の考へに依ればアリストテレスは最上の倫理學を書いたのであり、彼はアリストテレスを誰よりも高く評價してゐる)は眞の倫理學に關係ある事柄又彼の倫理學に取り入れた事柄の中の何事をもおろそかにせずそのすべてを忠實に實行したのである

(八)

＊ ユダヤ人たちの信念に依れば、神はノアに七つの誡命を與へ、すべての民族はこの誡命にのみ拘束される、しかし神はヘブライ民族を他の民族より幸福ならしめようとしてヘブライ民族にのみはその外になほ數多くの誡命を與へた、といふのである。

けれども、彼はその教へを預言的に啓示された神の教へとしてではなく單に理性の命令のみに基づいて服膺したのであるから、それは彼の救靈に對して何等寄與することが出來なかつた、といふのである。しかしこれらすべてが純然たる妄想であつて理性にも聖書の典據にも基づいてゐないことは之を注意して讀む何人にも充分明白であると余は考へる。だからさうした意見を反駁する爲にはたゞそれを記載しただけで充分である。尙ほ又或人々の意見、――自然的光明は眞の救靈に關する事どもについて何ら正しいことを教へ得ないと主張する人々(九)の意見をも余はここに反駁するつもりはない。正しい理性といふものを全然認めない彼らとしては、その意見を理性に依つて證明することが出來ないのであるから。そして若し彼らが理性以上の或ものを持つてゐると自負しようとも、それは純然たる妄想であり、そしてそれは遙かに理性以下のものである。このことは彼らの日常の生活樣式を見れば充分明白である。しかしかうした事どもについてこれ以上詳しく語る必要はない。

たゞ一つ附言したいのは、我々は人をその行ひに依つてのみ認識し得るといふことである。だから愛、喜び、平安、忍耐、慈悲、善意、誠實、溫良、節制のやうな靈の果實――パウロがガラテヤ書五章二十二節に言ふ如くかうしたものを禁ずる律法はないのである——を豊かに持つてゐる者は、理性のみに依つて教へられたのであると聖書のみに依つて教へられたのであるとを問はず眞に神から教へられたのであつて、完全に幸福な人間なのである。

これを以て余は、神の法に關して述べようとした一切を果したことになる。

第六章

奇蹟について

人間の把握力を越える知識を神的な知識と呼ぶやうに、その原因が一般に知られない出來事を人々は通常神的な業《わざ》、或は神の業と呼ぶ。何故なら民衆は自然の中に何か常ならぬこと・彼らが平素自然に關して持つてゐる意見と矛盾するやうなことが起る時に、神の能力と攝理とが最も明らかに現はれると考へる、殊にその出來事が彼らの利得又は利益をもたらす場合に於て然りである。だから彼らは自然がその秩序を守らない——さう彼らは信ずる——時に神の存在が最も明瞭に證明され得ると思ふのである。この故に彼らは、諸物又は諸奇蹟を自然的原因に依つて說明し・或は理解しようと努力するすべての人々を目して、神を或は少くとも神の攝理を否定する者と見做す。換言すれば彼らは、自然がいつもの秩序に從つて活動してゐる限り神は何ら活動してゐないと考へ、之に反して神が活動してゐる限り自然の能力と自然的諸原因とは働きを停止してゐると考へるのである。かくて彼らは種類に於て相互に區別される二つの能力卽ち神の能力と自然物の能力とを表象する、尤も後者は神から一定の樣式に從つて決定されたもの、或は（人々が今日概ね考へてゐるところに依れば）神から創造されたものではあるが。然し彼らはこの兩能力を如何に解すべきかについて、又神並びに自然を如何に解すべきかについて何も知らないのであり、たゞ神の能力を尊嚴な王侯の支配の如く表象し、自然の能力をば暴力又は衝動の如く表象するのみである。斯くの如くにして民衆は常ならぬ自然の業を奇蹟或は神の業と呼び、更に又一つには敬神の念から一つには自然的知識を尊ぶ人々への反感から、諸物に關する自然的原因を知らうとはせず、たゞ自分たちに最もわからない事柄、從つて自分たちの最も驚歎し得る事柄をのみ耳にしたがる。實際彼らは自然的諸原因を無視し・諸物を自然の秩序の外にあるものと表象することに依つてでなくては、神を尊崇し・一切を神の支配と意志とに關聯せしめるすべを知らないのである。そして彼らは自然の能力を恰も神に征服されたかの如く表象することに依つて最も多く神の能力を驚歎してゐるのである。

かうした事の起りは原初のユダヤ人たちから來てゐるやうに思はれる。原初のユダヤ人たちは目に見える神々——太陽、月、大地、水、空氣等——を尊崇してゐた當時の異教徒たちを說得するために、そしてこれらの神々が微力な、不安定な、或は可變的なものであり、目に見えぬ神の支配下にあるのであることを異教徒たちに教示するために、自分たちの見た諸奇蹟を語り、その上これを根據に、全自然はユダヤ人たちが尊崇してゐる神の支配に依つてユダヤ人たちのみの利益になるやうに導かれてゐることを示さうと力めたのである。かうした考へはいたく人々の氣に入り、人々は今日に至るまで奇蹟を虛構することを止めようとせず、以て自分たちが他の人々より神に愛されて居り・自分たちの爲にこそ神は一切を創り且つ絕えず一切を導いてゐるのであると他から思はれようとしたのである。何といふ僭越を民衆の無智は敢へてすることであらう。これといふのも彼らは神についても自然についても何らの正しき概念を持たぬが故であり、又神の意欲を人間の意欲と混同するが故であり、最後に又自然を限定的に考へて人間を自然の中心であると信ずるが故である。

余は自然並びに奇蹟に關する民衆の見解と先入見とを之に依つて充分詳しく述べた。然し問題を秩序立てて解明する爲に余は次のことを示すであらう。

一、何物も自然に反しては生起せず、反つて自然は永遠・確乎且つ不可變的な秩

序を守ること。尙ほ又同時に奇蹟なるものを如何に理解すべきかについて。

二、我々は奇蹟からは神の本質乃至存在を、從つて又神の攝理を認識し得ないこと。むしろこれらすべては確乎にして不可變的な自然の秩序から遙かによく把握され得ること。

三、聖書自身が神の決定と意欲を、從つて又神の攝理を、自然の永遠なる諸法則から必然的に生ずる自然の秩序そのものと解してゐることを、余は聖書の中の若干の例に依つて示すであらう。

四、最後に余は聖書の中の諸奇蹟を解釋する方法について、又奇蹟の物語に關して特に注意すべき事どもについて、述べよう。

これらは專ら本章の主題に關係ある事柄であり、又それはその外に本書全體の目的に對しても少からず意義を有する事柄であると余は考へる。

第一の點に關して言へば、それは我々が第四章の中で神の法について述べた事柄から、——卽ち神が意欲し或は決定する一切は永遠の必然性と眞理とを自らの中に含むといふことから容易に證明される。我々はさきに、神の知性が神の意志と區別されないといふことからして、神が或ことを意欲するといふのと神が或ことを認識するといふのと同一事であることを示した。神が或物をそのある通りに認識するといふことが神の本性と完全性とから出てくるその必然性、その同じ必然性を以て、神がそのものをそのある通りに意欲するといふことが出てくるのである。ところですべてのものは神の決定に依つてのみ必然的に眞なのであるから、之からして、自然の普遍的法則は神の本性の必然性と完全性とから出てくる神の決定に外ならないといふことが極めて明瞭に歸結される。だから若し自然の中に自然の普遍的法則と矛盾する何事かが起るとすれば、それは必然的に神の決定、知性、本性とも矛盾することになる。或は若し人が神は或事を自然の法則に反してなすと主張するなら、その人は同時に、神が神自身の本性に反して事をなすことを主張せざるを得なくなるのである。しかし之ほど不條理なことはない。尙ほこのことは自然の能力が神の能力乃至力そのものであり・神の能力は神の本質そのものであるといふことからも證明され得るが、余はこれにはさしあたり立ち入らぬことにする。

斯くの如く、自然の中には自然の普遍的法則に矛盾する何事も起らない。否更に*、さうした法則と合致しない何事も、或はさうした法則の結果でないやうな何事も起らない。何故なら生起する一切は神の意志と神の永遠の決定とに依つて生起するからである。換言すれば、既に示したやうに、生起する一切は永遠の必然性と眞理とを自らの中に含む諸法則・諸規則に從つて生起するからである。かくて自然は永遠の必然性と眞理とを自らの中に含む諸法則・諸規則を――たとへそのすべてが我々に知られてゐるわけでないとしても――常に守つてゐるのであり、從つて又確乎にして不可變的な秩序を守つてゐるのである。それに又、健全な理性は自然に對して限定された能力乃至力を歸するやうに我々を敎へはしないし、又自然の法則が或一定のものにのみ妥當してすべてのものに妥當しないと主張するやうに敎へもしない。何故なら、若し自然の力乃至能力が神の力乃至能力そのものであり、自然の諸法則・諸規則が神の決定そのものであるとすれば、我々は自然の能力が無限的であるといふことを、並びに自然の法則は極めて抱括的であつて神の知性が概念する一切物の上に及ぶといふことを全然容認しなければならぬからである。さもなくては神は自然を無力なものに創り、自然に對して效力なき法則や規則を與へ、その結果神

＊　余がここに自然といふのは單に物質とその諸變狀とのみを意味せず、むしろ物質の外に尙ほ無數のものを意味する。

は自然を維持し且つ諸物を自分の希望通り展開させる爲には屢〻新たに自然を助けなければならぬといつたやうなことを人は認める外なくなるであらう。しかしかうした認定は理性から最もかけ離れたものであると余は考へる。

以上のこと、換言すれば自然の中には自然の法則の結果でないやうな何事も生起しないこと、自然の法則は神の知性が概念する一切物の上に及ぶこと、最後に又自然は確乎にして不可變的な秩序を守つてゐること、かうした事どもからして次のことが最も明瞭に歸結される。それは奇蹟なる言葉は人間の見解に關聯してのみ理解され得るといふこと、又奇蹟とは我々がその自然的原因を他の普通の事柄の例によつて説明し得ない、或は少くとも奇蹟について書き又は語る人自身はそれを説明し得ない、さうした出來事を意味するに外ならないといふことである。尤も余は奇蹟をその原因が自然的諸物の原理——自然的光明に依つて知られる限りの——から説明され得ない事柄であると言ふことは出來る、しかし奇蹟は自然的諸物の原理を全然知らない民衆の把握力に應じて生じたのであるから、古人は確かに民衆が通常自然的諸物を説明するやうに説明することが出來ないことを皆奇蹟と思つたのである。こゝに民衆が説明するやうにと言ふのは、不思議の念を抱かずに表象するを常とする他の似よりの場合を思ひ出して說明することである。何故なら、民衆は物を不思議の念を抱かずに見る時にそのものを充分に理解したと思ふのであるから。古人並びに現代に至る殆どすべての人々は奇蹟に對してこれ以外の規準を持たなかつた。だから聖書の中には疑ひもなくその原因が自然的諸物についての旣知の原理から容易に說明され得るやうな多くの事柄が奇蹟として語られてゐるのである。我々は先に第二章でヨシュアの時代に於ける太陽の運行の停止やアハズの時代に於ける太陽の後もどりについて語つた時に之を暗示した。然しかうした事どもについてはすぐ後で、――本章に約束した奇蹟の解釋について述べる時になつてもつと詳しく語らう。

これから第二の點に移り、我々は奇蹟からは神の本質も存在も攝理も理解し得ないこと、反つてそれらは確乎にして不可變的な自然の秩序から遙かによく把握され得ることを示さう。これを證明する爲に余は次の如く論を進める。

神の存在は、それ自體では知られないから(二)、必然的に諸概念から、――その眞理たることが確乎不動でこれを變へ得る如何なる力も存在し得ず又考へられ得ないやうな諸概念から結論されねばならぬ。少くともこれらの諸概念は我々がそれから神の存在を結論する瞬間以來我々にとつてそのやうに思へるものでなければならぬ、若し我々にしてそれに基づく我々の結論を如何なる疑惑の危險にも曝すまいとするならば。何故ならそれらの概念が何らかの力（それがどんな種類のものであらうとも）に依つて變へられ得ると考へられるなら、我々はそれらの概念の眞理性を、従つてまた我々の結論卽ち神の存在を疑はざるを得なくなり、又凡そ如何なる事物に關しても確實な知識を持つことが出來なくなるであらうからである。次に我々は、自然と合致し或は矛盾するものはまた自然の原理と合致し或は矛盾することを知つてゐる。故に若し自然と矛盾する事柄が何らかの力（それがどんな種類のものであらうとも）に依つて自然の中に生じ得ると考へられるなら、その出來事はかの基本的諸概念に矛盾するであらう。故に我々はその出來事を不條理として排斥するか、それとも我々は（今しがた示したやうに）かの基本的諸概念を、従つて神を、更にすべての知識を疑ふかせざるを得なくなるであらう。だから奇蹟を自然の秩序に矛盾する出來事と解する限り、奇蹟は我々に神の存在を證明することなどとても出來ぬのであり、反つて我々に神の存在を疑はしめるばかりである。我々は一切が確實且つ不可變的な自然の秩序に従ふことを知りさへすれば奇蹟などに依らずに充分神の存在を確知し得るのに。

然し奇蹟を自然的原因に依つては説明され得ない出來事と假定すれば、それは二様の意味に解される。一は奇蹟は自然的原因を持ちはするがその自然的原因が人間の知性に依つては探究され得ないといふ意味であり、もう一つは奇蹟には神或は神の意志以外の如何なる原因をも認められないといふ意味である。然し自然的原因に依つて生ずる一切はやはり神の能力と意志とに依つてのみ生ずるのであるから、これは結局次のやうなことに歸着せざるを得ない、卽ち奇蹟は自然的原因を持たうと持つまいと原因的には説明され得ない出來事、換言すれば人間の把握力を超越する出來事である、と。然しさうした出來事から、つまり我々の把握力を超越する出來事からは何事をも我々は理解し得ない。何故なら、我々が明瞭且つ判然と理解する一切は、それ自體に依つてか、或はそれ自體に依つて明瞭且つ判然と理解される他の事物に依つて我々に知られねばならぬから。故に奇蹟から、卽ち我々の把握力を超越する出來事からは、神の本質も存在も、否凡そ神と自然に關する如何なることも理解し得ない。反對に一切は神に依つて決定され確立されること、自然の諸活動は神の本質から生ずること、自然の諸法則は神の永遠なる決定乃至意欲であること、さうした事どもを我々は知つてゐるから、我々は斷然かう結論せねばならぬ、我々は、自然的事物を益〻よく認識するにつれて、又如何なる風に自然的事物がその第一原因に依存するかを、並びに如何なる風にそれが永遠なる自然の諸法則に從つて活動するかを益〻明瞭に理解するにつれて、益〻よく神と神の意志とを認識し得るのである、と。だから、我々の知性に關聯して言へば、我々の全然理解し得ぬ出來事——それは表象力をいたく動かして人々を驚歎へ驅りはしようが——よりも我々の明瞭且つ判然と理解し得る出來事の方が遙かに多くの權利を以て神の業《わざ》と呼ばれ、又神の意志に歸せられ得るのである。何故なら我々の明瞭且つ判然と理解する自然の業のみが神に關する一層崇高な認識をもたらし、神の意志と決定とを最も明瞭に指示してくれるからである。この故にものを理解し得ない度毎に神の意志へ避難所を求めるのは、全く意味のないことである。實に自己の無智を告白する滑稽なやり方ではある。(二)

尙ほ又奇蹟からは何事かを結論することが出來るにしても、神の存在は決してそれからは結論され得ない。事實、奇蹟は限定された出來事であり、又限定された一定の能力を表現するに過ぎないのであるから、我々は確かにさうした結果から無限の能力を持つ原因の存在を結論することは出來ず、精々結果より大なる能力を持つ原因を結論し得るのみである。余は精々といふ。何故なら、同時に働く多數の原因に依つて一つの出來事が——原因全體の能力よりは劣るが個々の原因の能力よりは遙かに大きな力乃至能力を持つ一つの出來事——が生ずるといふこともあり得るからである。之に反して自然の諸法則は（既に示したやうに）無數のものの上に及び、そしていはば永遠の觀點の下に我々から思念されるから、又自然はそれらの法則に從ひ一定の不可變的秩序に依つて進行するから、それらの諸法則は我々にその限りに於て神の無限性、永遠性並びに不可變性を或程度に指示してくれる。(三)

斯くの如くにして我々はかう結論する、我々は奇蹟に依つては神及び神の存在と攝理とを認識することが出來ぬ、むしろそれらは確乎にして不可變的な自然の秩序から遙かによく結論され得る、と。余はこの結論に於て人間の把握力を超越する或は超越すると思はれる出來事を意味する限りに於ての奇蹟について語つてゐるのである。何となれば、奇蹟が自然の秩序を破壞乃至中斷し或は自然の諸法則に矛盾するものと想定される限り、その限りに於て奇蹟は（先に示したやうに）何ら神への認識を與へ得ないばかりでなく、更に我々が自然的に有する神への認識を奪ひ去り、我々をして神並びに一切事を疑はしめるからである。

尙ほ余はここに反自然的な出來事と超自然的な出來事（卽ち、或人々が言ふやうに、自然に矛盾はしないがしかし又自然に依つて創られも結果されもし得ない出來事）との間に何らの區別を認めない。何故なら奇蹟は、超自然的と見られたところで自然の外に起るのではなく、自然の中に起るのである以上、必ずや自然の秩序を、――本來は神の決定に基づいて確乎且つ不可變的であると我々の思念するその秩序を中斷するからである。故に若し自然の中に自然の諸法則の結果でないやうな何事かが生ずるとしたら、それは必然的に、神が自然の普遍的諸法則に依つて自然の中に永遠的に設定した秩序に矛盾するであらう。だからさうしたものは自然と自然の諸法則とに反するのであり、從つてさうしたものを信ずることは我々をして一切を疑はしめ・我々を無神論へ導くであらう。――以上を以て余は我々の第二の主張を充分確實な諸論據に依つて示したと考へる。これに依つて余は改めてから結論し得る、反自然的奇蹟並びに超自然的奇蹟は不條理以外の何物でもなく、從つて聖書に於ける奇蹟は、今も言つたやうに、人間の把握力を超越する或は超越すると思はれる自然の業以外の何ものをも意味しないのである、と。

第三の問題に進む前に、余は我々の今の意見、――奇蹟からは神を認識することが出來ないといふ意見を聖書の典據に依つて裏付けて見たい。尤も聖書は、このことを何處でも明示的には敎へてゐないが、しかしこのことは聖書から、殊にモーゼが惑はしの預言者はたとへ奇蹟を行ふことがあつても之を殺すべしと命じてゐる(申命記十三章)ことから、容易に結論され得る。モーゼ曰く「(たとへ)その徵證《しるし》又は奇蹟《ふしぎ》これが言ふ如くなる(とも)、汝はその預言者の言葉に聽き從ふ勿れ。そは汝らの神エホバ汝らを試み給ふなればなり。(故に)その預言者は殺さるべし……」(四)と。これからして、奇蹟は僞の預言者たちに依つても爲され得るのであること、又人々は神への眞の認識と愛とにしつかりと守られなくては奇蹟につられて僞の神々を眞の神を受入れると同樣の容易さを以て受け入れ得るのであることが明らかに歸結される。事實モーゼは、「そは汝らの神エホバ汝らが全心全靈を以て汝らの神エホバを愛するや否やを知らんとて汝らを試み給ふなればなり」と附言してゐるのである。次にイスラエル人たちはあれほど多くの奇蹟からも神に關する何らの正しい概念を形成することが出來なかつた。之は經驗そのものの證明してゐるところである。即ち彼らは、モーゼが彼らの所から去つてしまつたものと思ひ込んだ時に、目に見える神をアロンに要求し、そして彼らがあれ程多くの奇蹟から結局形成した神の觀念は（何といふことだ！）一匹の犢《こうし》なのであつた。アサフは、あれ程多くの奇蹟を耳にしたに拘はらず、神の攝理を疑ひ、後で眞の福祉を理解したからよかつたものの、すんでのことで眞の道からそれるところであつた（詩篇七十三篇）。ユダヤ人たちの幸運の絶頂期に際會したソロモンさへが、一切は偶然に依つて生ずると思つた。傳道之書三章十九・二十・二十一節及び九章二・三節等參照。最後に、殆どすべての預言者は、自然の秩序並びに人間の運命が、神の攝理に關して彼らの形成した概念と如何なる風に調和し得るかといふことについては、全く不明であつた。然しものを奇蹟に依つてではなく明瞭な諸概念に依つて理解しようとする哲學者たちは之について極めてはつきり分つてゐた。余が言ふのは眞の幸福を徳と精神の平安との中にのみありとし・自然を自分たちに從はせようとでなく自分たちが自然に從はうと力めるさうした哲學者たちのことである。かかる人々は、神が自然を自然の普遍的諸法則が要求するまゝに導き人間の本性の特殊的諸法則が要求するまゝには導かないこと、從つて神は人類だけをではなく全自然を顧慮するものであることを確知してゐるからである。

之に依つて、奇蹟は神に關する眞の認識を與へず、又神の攝理を明らかに教へないことが聖書自身からも知られる次第である。尤も聖書には、神が自分を人々に知らせる爲に奇蹟を行つたことが屢〻語られる。例へば出埃及記十章二節の如きであつて、それに依れば、神はエヂプト人たちを惑はし、自分について徵證を與へ、以てイスラエル人たちに自分が神であることを認識させようとした。然しこのことから直ちに、奇蹟がかかることを實際に教へるといふことは歸結されない。歸結されるのはたゞ、ユダヤ人たちはさうした奇蹟に依つて容易に說得され得るやうな諸思想を抱いてゐたといふことだけである。先に第二章に於て明瞭に示した通り、預言に用ひられる諸論據或は啓示の上に建てられる諸論據は、萬人に妥當する普遍的諸概念から採られたのではなくて、單に世間一般に容認されてゐた諸前提（それが不條理なものであつても）から、並びに啓示が與へられた人々或は聖靈が說得しようと欲した人々の思想から採られたからである。我々は之を多くの例に依つて、殊に又ギリシヤ人たちと共にはギリシヤ人となりユダヤ人たちと共にはユダヤ人となつたパウロ（五）の證言に依つて說明したのであつた。

然しかうした諸奇蹟は、エヂプト人たちやユダヤ人たちを、彼ら自らの容認してゐた諸前提に基づいて說得することは出來たものの、神に關する眞の觀念と認識とを與へることは出來なかつた。それらの奇蹟はたゞ彼らに次のことを、――彼らに知られたあらゆるものより强力な一つの神性が存在すること、そしてその神がヘブライ人たち（彼らには當時は萬事が思ひがけぬ程うまく行つてゐた）に對してすべての人々に對してより以上に配慮してゐることを容認させただけであつて、神がすべての人々に對して同等に配慮してゐることは認めさせ得なかつた。これは哲學のみの敎へ得るところだからである。故にユダヤ人たち並びにすべての人々、――人事の齊しからざる狀態と人間の不均等な運命とからのみ神の攝理を認識してゐた人人は、ユダヤ人たちが神から他の人々よりも愛されてゐたと思ひ込んだのであつた、ユダヤ人たちは、我々が第三章に示したやうに、眞の人間的完全性に於ては他の人人より少しも勝れて居らなかつたのであるのに。

これから第三の點に移り、神の決定と命令、從つて又神の攝理が實際には自然の秩序以外の何物でもないことを示さう。換言すれば、このこと或はかのことが神或は神の意志に依つて爲されたと聖書が言つてゐる場合、それは實際にはそのことが自然の法則と秩序とに從つて爲されたといふことを意味してゐるにすぎないのであつて、一般の人々が考へるやうに、自然がその間活動を停止したとか、自然の秩序が一時中絶されたとかいふことを意味してゐるのではないのである。然し聖書は、その教義に關係のないことを表面に出しては說かない。何故なら聖書は（我々が神の法に關して示したやうに）ものを自然的原因に依つて說いたり、純粹に思辨的な事柄を說いたりすることを目的としないからである。この故に我々のここに主張しようとする事柄は、聖書の中の若干の物語、――偶〻詳細に且つ多くの附帶的事情を交へて語られてゐる物語から推論に依つて歸結されねばならぬ。さうした物語の幾つかを余は引用しよう。

サムエル前書九章十五・十六節には、神がサウルをサムエルの許に遣はすであらうことをサムエルに啓示したといふことが語られてゐる。然し神は、人々が通常或人を誰かの許へ遣はすやうにサウルをサムエルへ遣はしたのではない。むしろ神のこの派遣は自然の秩序以外の何ものでもなかつたのである。即ちサウルは（前記の章に語られてゐるやうに）失《な》くした驢馬を探してゐたのであるが、それを探しあぐねて、もう家へ歸らうと思つてゐた。その時下僕に忠告されて、預言者サムエルの所へ赴き、驢馬を何處で見つけることが出來るかをサムエルから聞くことになつたのである。そしてこの物語全體の何處にも、サウルがこの自然的秩序に依つて以外に神の何等かの命令を帶びてサムエルの許へ赴いたことは書かれてゐない。詩篇百五篇二十四節には、神がエヂプト人たちの心を變更してイスラエル人たちを憎むやうにさせたことが述べられてゐるが、この變更も亦全然自然的なものであつたことは出埃及記一章から明らかであり、そこにはエヂプト人たちがイスラエル人たちを酷使せざるを得なくなつたかりそめならぬ理由が語られてゐるのである。創世記九章十三節には、神がノアに向つて、「我わが虹を雲の中に起さん」と言つてゐるが、神のこの行ひも亦確かに太陽の光線が雨滴の中で蒙る屈折と反射以外の何ものでもない。詩篇百四十七篇十八節では霜や雪を溶かす風の自然的運動と溫暖とが神の言葉と呼ばれ、十五節では風と寒冷とが神の宣告・神の言葉と呼ばれ、又詩篇百四篇四節では風が神の使節、火が神の下僕と呼ばれてゐる。尙ほかうした種類の多くの事柄、——神の決定、命令、宣告、言葉が自然の活動又は秩序そのものに外ならないことを明示する多くの事柄が聖書の中に見出される。だから聖書の中に語られてゐるすべてのことが自然的經路に於て生じたのであること疑ひない。それにも拘はらずそれらが神に歸せられてゐるのは、聖書の意圖するところが、既に示したやうに、ものを自然的原因に依つて説明することにはなく、たゞ表象力に深い感銘を與へるやうな事柄を語ること、しかも民衆を一層驚歎させて民衆の心に敬神の念を植ゑつけるのに最も適當な方法乃至表現に於てそれを語ることにのみあるからである。

故に聖書の中にその原因が我々に分らぬやうな事柄、又自然の秩序を外れて、否自然の秩序に反して起つたかに見える事柄が書かれてあつても、我々はそのため躊躇すべきではない。むしろ我々は實際に起つた事柄は自然的經路に於て起つたのであることを固く信じなければならぬ。このことは奇蹟には多くの附帶的事情が伴つてゐることからも裏書きされる（但しさうした事情は常に語られてゐるわけではなく、殊に敍述が詩的表現に依つてなされてゐる場合には然りであるけれども）。敢へて言ふ、奇蹟に於ける附帶的諸事情こそは奇蹟が自然的原因を必要とすることを明示するものである。例へばエヂプト人たちを皮膚病にかゝらせる爲にはモーゼは灰を空中高く播くことが必要であつた（出埃及記九章十節參照）。蝗はやはり神の自然的命令に依つて、卽ち一日一晩吹く東風に依つてエヂプト人の土地へやつて來、又激しい西風に依つてその地から去つた（出埃及記十章十四・十九節參照）。神の同様の命令に依つて海はユダヤ人たちの爲に道を開いた（出埃及記十四章二十一節參照）、之は卽ち夜もすがら激しく吹いた南東風に依つたのである。更に又エリシヤは死んだと思はれた子供を蘇生させる爲には幾度か子供の身體の上に乘らなければならなかつた。かくて子供は段々暖かみが出て來て遂に目を開いたのである（列王紀略下四章三十四・三十五節參照）。同様に又ヨハネ福音書の九章にはキリストが盲目者を癒やす爲に用ひた若干の具體的手段が語られてゐる。このやうにして他の多くの事柄、奇蹟は所謂神の絕對命令とは異なる或ものを要することを充分に示す多くの事柄が聖書の中に見出される。だから奇蹟に於ける附帶的諸事情並びに奇蹟の自然的諸原因が常に又全部記載されてゐるわけでないけれども、奇蹟はしかしさうしたものなしには生じなかつたのであることを信じなければならぬ。このことは出埃及記十四章二十七節からも明らかである。其處には海の潮がモーゼの指圖だけに依つて再び滿ちたことのみ語られてをり、風のことは何も言はれてゐない。だが後の歌の中では（十五章十節）神が己の風（卽ち極めて强烈な風）を吹かせた故にさうしたことが起つたと述べられてある。これで見れば前の物語の方にはさうした附帶的事情が省略されてゐるのであり、奇蹟はその故に一層素晴らしいものに見られるのである。

人に依つては恐らくかう反駁するであらう、我々は聖書の中にどうしても自然的原因に依つては説明されると思へぬ數々の事を見出す、例へば人間の罪が洪水の原因になつたり、人間の祈りが土地の豊沃の原因になつたり、信仰が盲目者を癒やし得たり、その他聖書に語られてゐるかうした種類の事どもである、と。然しこれに對しては既に答辯ずみであると余は考へる。何故なら聖書は、ものをその最近的原因に依つて說いてゐるのではなくて、たゞ人々を、殊に民衆を敬神へ最も強く驅り得るやうな順序乃至表現法に於て述べてゐるのであることを余は示したからである。この故に聖書は神並びに諸物について極めて妥當ならざる語り方をする。つまり聖書は、理性を說得しようとではなく、たゞ人間の想像力と表象力とを刺戟し・感銘させようと力めてゐるからである。實際若し聖書が或る國家の滅亡を政治史家が述べるやうに述べたとしたら、それは民衆を少しも感動させなかつたであらう。之に反して一切を詩的に描き、一切を神に歸する――聖書が通常やつてゐるやうに――場合は、民衆を最も強く動かすのである。だから聖書に、土地が人々の罪の故に稔らないとか、盲目者が信仰の故に癒やされたとか語られてあつても、それは神が人間の罪の故に怒るとか、悲しむとか、その約束した或は施した慈悲を悔いるとか、又は神が或合圖を見て約束したことを思ひ出すとか、その他さうした多くの事柄(それらの事柄は詩的に表現されてゐるのか、或は作者の見解乃至先入見に從つて述べられてゐるのである)が語られてゐる場合以上の大きな意味を認むべきではないのである。

故に我々は斷然かう結論する、聖書の中に實際の出來事として語られてゐるすべてのことは、凡そ生起する一切事と同樣に、必然的に自然の法則に從つて生起したのである、と。そして若し自然の法則に矛盾すること或は自然の法則の結果でないことが不可疑的に證明されるやうな何事かが見出されるとしたら、それは瀆神の徒に依つて聖書へ附加されたものであることを我々は固く信ずべきである。何故なら自然に反することは理性に反し、理性に反することは不條理であり、從つてまた排斥されねばならぬのであるから。

殘るのはたゞ、奇蹟の解釋について尙ほ若干のことを注意し、——といふよりはむしろ反覆し(何故なら主だつたことは旣に述べたのであるから)、余が第四番目に約束したところのことを一二の例に依つて說明することだけである。余が之を爲さうとする所以のものは、人々が奇蹟を見當違ひに解釋して、聖書の中に自然的光明に矛盾する事柄を見つけたと早合點することのないやうにするためである。

人間は物事を語るのに自己の判斷を少しも交へることなく單にその起つた通りに語るといふことは極めて稀なものである。それどころか彼らは何か新しいことを見或は聞く場合、非常に要心しない限りは、概ね自己の先入的見解に依つて強く支配され、彼らが實際に見或は聞くこととはまるで違つたものを受け取る。殊にその出來事が語る人或は聞く人の把握力を超越する時にさうであり、わけてもその事柄が或る一定の樣式で起ることがその人自身に重大な意味を持つ時に最も然りである。この結果として、人々は自分のものする記錄書や物語書の中に於て出來事そのものを語るよりはむしろ自己の見解を語ることになる。又一にして同一なる事件が異なる見解を持つ二人の人間に依つて語られると非常に相違したものになり、まるで二つの異なつた事件について語るかに見えるやうになる。そして單なる物語から記錄編纂者又は物語の語り手の見解を窺ふことが屢〻容易に出來るのである。之を裏付ける爲に余は記錄編纂者たちの例や自然の歷史を書いた哲學者たちの例を澤山引用することは出來る。然しそれは餘計なことに思はれるから措かう。余はたゞ聖書から一例だけを擧げ、他の諸例については讀者自らの判斷に委ねる。

ヨシュアの時代には、ヘブライ人たちは（既に注意した通り）、今でも民衆がさうであるやうに、太陽が所謂日週運動に依つて廻轉し、之に反して地球は靜止してゐると信じた。そして彼らはあの五人の王に對して戰つてゐる間に起つた奇蹟的事件をこの先入的見解に結びつけたのである。卽ち彼らは單純にその日が平常より長かつたと語つたのではなくて、太陽と月が止つた、換言すれば太陽と月がその運行を中絕した、と語つたのである。(六) このことは當時彼らにとつて、太陽を禮拜してゐた異教徒たちを說得するのに、そして太陽は他の神の支配下にありその神の指圖に依つて太陽は自己の自然的秩序を變へざるを得なくなることを經驗そのものに依つて異教徒たちへ證明するのに、少からず役立ち得た。故に彼らは一つには宗教的動機から、一つには先入的見解から、事態をその實際に起り得たとはまるで違つた風に考へ且つ語つたのである。

だから聖書に於ける諸奇蹟を解釋し、奇蹟が實際にどう起つたかをその物語から理解する爲には、その奇蹟を語つた最初の人々又はそれを我々に書き殘した最初の人々の平素の見解を知り、そしてその見解を彼らが持ち得た感覺的知覺と區別せねばならぬ。さもなくば我々は彼らの見解や判斷を、實際に起つたまゝの奇蹟と混同することになるであらうからである。然し彼らの見解を知ることはひとりかうしたことを防ぐためにのみ必要なのではなくて、實際に起つた出來事を單に表象的なもの・單に預言的幻影に過ぎないものと混同しない爲にも必要なのである。何故なら聖書には幻影又は表象に過ぎない多くの事柄が事實として語られ又事實として信じられてゐるからである。例へば神（最高の實有）が天から下りて來たとか（出埃及記十九章十八節並びに申命記五章二十二節參照）、神が火に圍まれてシナイ山へ降りて來たのでシナイ山は煙を上げたとか、エリアが火の車と火の馬とを驅つて天に昇つた（七）とかである。之らすべては人々の——これを目《ま》のあたり見たものとして、即ち實際の出來事として、我々に傳へた人々の——平素の見解に順應した幻影に外ならないのである。何故なら、民衆より多少勝つた智力を持つ者なら誰でも神には右手も左手もないこと、神は運動もせず靜止もしないこと、神は限定された場所に居るといふことはなくむしろ絶對に無限的であること、神の中には一切の完全性が含まれてゐること、さうしたことを知つてゐるからである。敢へて言ふ、ものを純粹知性の諸概念に依つて判斷し、表象力が外的感覺から觸發されるところに依つて判斷しない者は、之を知つてゐる。後で言つたやうな判斷の仕方は一般民衆の常とするところであり、この故に一般民衆は神を有形的なもの、王侯的支配權を握るものと表象し、神の玉座が諸〻の星の上、地球からさまで遠くない天穹の中にあると想像するのである。そして聖書にある實に數多くの出來事は（既に言つたやうに）かうした又これと同樣の諸見解に關聯してゐるのであり、從つて哲學者たちはこれを現實的なこととして受け入れる要がないのである。

最後に奇蹟をその實際に起つた通りに理解する爲にはヘブライ人たちの言ひ廻しや修辭的表現法を知ることが大切である。これに充分注意しない者は、聖書の著者たちが全然念頭に置かなかつた多くの奇蹟を聖書に歸することになり、かくては出來事や奇蹟をその實際起つた通りに知ることが出來ないのみでなく、聖書の著者たちの精神をも全くとり違へることになるであらう。例へばゼカリヤ書十四章七節は來るべき或戰ひについて語りつゝかう言つてゐる、「ここにたゞ一つの日あるべし、エホバのみこれを知り給ふ、是は晝にもあらず夜にも（あらざらん）、夕暮の頃に明るくなるべし」と。之らの言葉に依つて彼は大きな奇蹟を預言してゐるやうに見える。然し彼はそれに依つて戰ひの歸趨が一日中明らかでないであらうこと、その結果を神のみが知ること、しかし夕暮時には勝利が得られるであらうこと、さうしたことを言はうとするに過ぎない。事實これと類似の言ひ廻しに依つて預言者たちは通常諸國民の勝利や敗北を預言し又は書いたのであつた。同樣のことを我々はイザヤに於て見るのであり、彼はイザヤ書十三章でバビロンの滅亡を次のやうに敍述してゐる。曰く、「天の諸〻の星と星の宿りは光を放たず、陽は出でて暗く、月はその光を輝かさざるべし」と。何人もかうしたことがバビロンの滅亡に際して起つたとは信じないであらうと余は考へる。イザヤがこのすぐ後に附言してゐる事柄についても同樣である、曰く、「この故に我天をふるはせ地を動かしてその所を失はしむべし」と。更に又イザヤ書四十八章の終りから一つ手前の節は、ユダヤ人たちがバビロンからエルサレムに恙がなく戻るであらうこと、又途中で渴に惱まされるやうなことがないであらうことをユダヤ人たちに告げる爲にかう言つてゐる、曰く、「神彼らをして沙漠を行かしめ給へる時彼らは渴したることなかりき、神彼らの爲に磐より水を流れしめ、また磐をさき給へば水ほとばしり出でたり」と。敢へて言ふが、彼がこれらの言葉に依つて述べようとしてゐるのは、ユダヤ人たちが沙漠の中で泉を見つけ(これは普通にあることである)それに依つて渴を鎭め得るであらうといふことだけである。事實彼らがクロスの承諾を得てエルサレムに戻つた時、前記のやうな奇蹟は——人々の知る通り——彼らに起らなかつたのである。

かうした種類の事どもが實に澤山聖書の中に出てくるのであるが、それらはユダヤ人たちの間で慣用の表現法に過ぎなかつたのである。然しここにそのすべてを一一檢討することは必要でない。たゞ一般論として注意して置きたいのは、ヘブライ人たちがかうした言ひ廻しを用ひたのは單に文章を飾るためばかりではなくその上專ら敬神の念を表白する爲であつたといふことである。この故にこそ聖書に於ては「神を詛《のろ》ふ」(Deo maledicere) といふことの代りに「神を祝福する」(Deo benedicere) といふ表現を用ひてゐるのであり(列王紀略上二十一章十節並びにヨブ記二章九節參照)、又この故にこそ一切が神に歸せられてゐるのである。そしてこの故に聖書は最も自然的な事柄について記述する場合にもひたすら奇蹟をのみ語つてゐるやうに見える。かうした例の若干を我々は既に上に擧げた。だから聖書が神はパロの心を頑くなにしたと言ふ時に、(八)それはたゞパロが頑迷であつたことを意味するに外ならないと思つてよい。又神が天の戸を開いたと言ふ時に、(九)それは多量の雨が降つたことを意味するに外ならない。そして他の多くの事柄についても同樣に言へる。かくてこれらのことによく意を留め且つ聖書に於ける多くの事柄が極めて簡單にすべての附帶的事情を交へずに又殆どきれぎれに語られてゐることを正しく注意する者は、自然的光明に矛盾することを證明し得るやうな出來事を殆ど聖書の中に見出し得ぬであらう。否反對に、極めて不明瞭に思へる多くの個所が若干の思索に依つて理解され、容易に解釋され得るであらう。

之を以て余は余が意圖したところのことを充分明瞭に示したと考へる。然しこの章を終結する前に尙ほ注意したいことが殘つてゐる。それは余が奇蹟に關しては預言に關しての場合と全然違つた方法で論を進めたことである。何故なら余は、預言に關しては、聖書の中に啓示された諸基礎から結論し得ることでなくては何事をも主張しなかつたのであるが、奇蹟に關しては、その主要な事柄は、專ら自然的光明に依つて認識される諸原理のみから導き出したからである。之を余は熟慮の上でやつたのである。何故なら預言は人間の把握力を超越する事柄であり、純然たる神學上の問題である、だから余は預言に關しては啓示された諸基礎からでなくては何事をも主張し得なかつたし、又さうした諸基礎からでなくては預言の本質について何事をも知り得なかつたのである。かくて余は聖書に於ける預言の歷史を總括し、その歴史から、我々に預言の本性とその諸特性を出來る限り敎へてくれる若干の命題を形成すべく餘儀なくされたのである。之に反して奇蹟に關しては、我々の探究せんとするところ（卽ち自然の法則に矛盾するやうな、或は自然の法則の結果でないやうな何事かが自然の中に起ることを容認し得るや否や）が全然哲學上のことなのだから、何らさうした手續を必要としなかつた。のみならず余は、この問題は之を自然的光明に依つて最もよく認識され得る諸基礎から說明する方が一層妥當であると考へた。余は「その方が一層妥當であると考へた」と言ふ。何故ならその問題は聖書に於ける諸命題と諸基礎とからだけでも容易に解決され得たからである。余はこのことを何人にも分るやうにここに簡單に示さう。

聖書はその若干の個所で自然一般について、自然は確乎にして不可變的な秩序を守ることを肯定してゐる。例へば詩篇百四十八篇六節、エレミヤ記三十一章三十五・三十六節に於けるが如きである。その外に哲學者〔ソロモン〕は傳道之書一章十節に於て自然には何ら新しいものが生じないことを明瞭に敎へて居り、又十一・十二節では之を解說しつつ、新しいやうに見えることが時折り起るにしてもそれは新しいことではなく記憶の中にない昔の世紀に既にあつたことであると言つてゐる。

蓋し彼自身が言ふやうに、昔のことは今の人の記憶になく、又今のことは後の人の記憶に殘らないからである。次に彼は三章十一節に於て、神は一切をその時に適へて正しく序列したと語り、又十四節では神の作るところのものは永遠に存し之に加ふべきところなく減らすべきところがないことを自分は知つてゐると述べてゐる。(十一)これらすべては自然は確乎にして不可變的な秩序を守ること、神は我々に知られ或は知られざるすべての世紀を通じて同一であつたこと、自然の法則は極めて完全且つ豐穰であつてそれに何物を加へることもそれから何ものを減ずることも出來ないこと、最後に奇蹟は人間の無智の故にのみ何か新しいものと見られること、さうしたことを明瞭に教へる。つまり聖書にはかうしたことがはつきり說かれてゐるのであり、之に反して自然の法則に矛盾するやうな或はその法則の結果でないやうな何事かが自然の中に起るといふことは聖書の何處にも說かれてゐない、從つて我々はさうしたことを聖書に對して虛構してはならぬのである。之に加ふるに奇蹟は諸原因並びに附帶的諸事情を必要とするし(我々が既に示したやうに)、又奇蹟は民衆が神に歸してゐる王侯的支配——余はその如何なるものなるやを知らない——から生ずるのではなくて神的支配と神的決定から、換言すれば(我々が聖書そのものから證明したやうに）自然の諸法則とその秩序とから生ずるのであり、最後に又奇蹟は、申命記十三章並びにマタイ傳二十四章二十四節から知られるやうに、惑はしの預言者に依つても爲され得るのである。以上からして更に次のことが極めて明白に歸結される。卽ち奇蹟は自然的な出來事であつたこと、從つて奇蹟は新しい事柄（ソロモンの言葉を用ひれば）、或は自然に反する事柄、と思へるやうな風に說明せらるべきではなく、むしろ出來るならば全然自然的な出來事の一部として說明せらるべきであること之である。これが何人にも容易に出來るやうに余は、聖書からのみ取り出した若干の準據を提示したのである。

然し聖書はさうしたことを說いてゐると余が言つたからとて、それは聖書がそのことを救靈に必要缺くべからざる敎義として說いてゐるといふ意味ではなく、たゞ預言者たちも我々と同樣の見方をしてゐたといふだけの意味なのである。だから各人はそれについては、神の禮拜と宗敎とに全心を獻げるのに最も適當と思ふやうな風に判斷する自由を有する。ヨセフスもさうした意見であつた。彼は「ユダヤ古事」（十一）の第二卷の結論にかう書いてゐる、「邪氣のない古の人々に對して、神の意志からにもせよ自然的にもせよ、救の道が海の中に開けたとしても、それを奇蹟だからといふ理由で無下に否定すべきではない。マケドニヤ王アレキサンダーの兵士たちに對しても、かつてパンフィリヤの海が二つに分れ、他に道がなかつたまゝにそれが彼らに通路を提供したのであつた、神がアレキサンダーを通してペルシヤ人たちの勢力を滅ぼさうと欲したが故に。そしてこのことはアレキサンダーの業蹟を書いたすべての人々の認めるところである。だからかうしたことについては各人その好むところに從つて判斷してよい。」これがヨセフスの言葉であり、奇蹟の信憑に關するヨセフスの見解である。

第七章

聖書の解釋について

すべての人は、口では、聖書は神の言葉であつて人間に眞の福祉や救靈への道を教へるものであると言つてゐる。しかし彼らの行ひの示すところは口で言ふのと全く別である。實に民衆は聖書の教へに従つて生きることなどはまるで念頭に置かないやうに見える。そして余の見るところでは、殆どすべての人が、自分の妄想に過ぎないものを神の言葉であると稱し、宗教の口實のもとに他の人々を自分と同じ考へに強制することをのみこれ力めてゐる。敢へて言ふ、余の見るところでは、神學者たちは概ね、如何にして自分の思ひ付きや自分の獨斷を聖書に依つてこぢつけるか、如何にしてそれを神的權威に依つて守るかといふことに心を砕き、聖書や聖靈の精神を解釋するに當つては何をするにもまして輕率且つ大膽にやつてのける。その際若し何か彼らの心配することがあるとすれば、それは聖靈を誤つて解釋して救かてて加へて迷信なるものがある。迷信は人間に理性と自然とを輕蔑し、この兩者と僭稱する）を擴めたりすることに存すると見られるに至つてゐる。これらの惡に間の間に不和の種を播いたり、激烈な憎しみ（之を彼らは聖なる熱意、烈しき獻身間の妄想を擁護することにあるの觀を呈してゐる。否、宗教は愛には存せずして人野心と冒瀆の横行するところ、遂に宗教は聖靈の教へに服從することにでなくて人深い行ひを止め、彼らの不信の手をさうしたことから引つ込めたであらう。然るにをその幾多の個所に於て改竄することを敢へてするあの瀆神の徒たちはさうした罪が最も明瞭に教へることをのみ聖書の教へとして認めたであらう、最後に又、聖書あれ程盲目的な・あれ程向ふ見ずな欲望にひきずられることもなく、反對に、聖書かつたであらう、又聖書を解釋して宗教の中に何か新奇なことを考案しようといふくの爭鬪で心を激昂させることもなく、あれ程多くの憎しみで相互に爭ふこともなゐるのだとしたら、人々は今と全然違つた生活の仕方をしたであらうし、あれ程多けである。若し人々が聖書について證言するところのことを眞に心の底から言つてされて自分自身の權威を墮し・他の人々の侮蔑の的になりはしまいかといふことだ靈への道からそれはしまいかといふことではなくて、たゞ自分の誤りを他人に指摘に矛盾することをのみ歎賞し尊敬するやうに教へる。だから人々が聖書を益〻歎賞し・尊敬するために、聖書をこの兩者——理性と自然と——に最も矛盾するが如く解釋しようと力めるのも不思議ではない。かくて彼らは聖書の中に深遠な祕義が隱れてゐると夢想し、他の有益なことどもはさて措いてかうした不條理なものを探究することに精魂をつくす。そして彼らはその妄りに虛構するところを悉く聖靈に歸し、これをあらゆる暴力・あらゆる情熱を以て擁護しようと努力する。何故なら人間といふものは、純粹知性に依つて考へることは專ら知性と理性に依つてのみ擁護し、之に反して情熱に依つて信ずることは情熱に依つて擁護するやうに出來たものだからである。

かうした混迷から逃れ、神學的諸偏見から我々の精神を解放し、人間の妄想に過ぎないものを神の教へと輕信することのないやうにする爲に、我々は聖書を解釋する眞の方法について論じ、これを充分說明せねばならぬ。この事が知られない限り、我々は聖書又は聖靈が何を教へようとしてゐるかを確實に知ることが出來ないからである。要約して言へば、聖書を解釋する方法は自然を解釋する方法と異ならないのであり、むしろ完全にそれと合致するのである。何故なら自然を解釋する方法が専ら自然の歴史を總括し、確實なる所與としてのその歴史から諸〻の自然物に關する定義を結論するにあるやうに、丁度そのやうに、聖書を解釋するには先づ聖書の眞正な歴史をまとめあげ、確實な所與乃至原理としてのその歴史から聖書の著者たちの精神を正しき歸結に依つて結論するといふことが必要であるからである。かくの如くすれば（つまり聖書を解釋し・聖書の內容を說明するのに聖書自身と聖書の歴史〔史的探究〕とから歸結されること以外の如何なる原理・如何なる所與をも容認しないならば）各人は何ら誤謬の危險なしに步を進め、我々の把握力を超越する事柄に關しても自然的光明に依つて認識する事柄に關してと同等の安全性を以て論議し得るであらう。

然しこの道が確實な道であるばかりでなく又唯一の道でもあること、そしてそれは自然を解釋する方法と合致するものであることを明白にする爲には、次のことどもに注意せねばならぬ。即ち聖書は、自然的光明に依つて認識される諸原理からは導き出され得ない事柄を極めて屢〻取り扱つてゐる。といふのは聖書の主要部分を構成するものは物語と啓示とであるが、物語は專ら奇蹟を、換言すれば（我々が前章に示した通り）自然の異常な出來事に關する話を內容としてをり、それはそれを語る人々の見解と判斷とに順應させられたものであるし、一方啓示も亦預者言たちの見解に順應させられたものであることは我々が第二章に示した通りであつて、それは實際には人間の把握力を超越するものなのである。だからこれらすべての事柄に關する認識、換言すれば聖書の内容を爲す殆どすべての事柄に關する認識は、聖書自身からのみ得られなくてはならぬ。恰も自然に關する認識が自然そのものから得られねばならぬと同様に。

ところで聖書の内容の一部を成す諸〻の道徳說に關して言へば、その道徳說自體は普遍的諸概念に依つて證明され得るけれども、聖書がそれを教へてゐるといふことはさうした諸概念に依つては證明され得ない。むしろこのことは聖書そのものからのみ明らかにされ得る。のみならず、若し我々が先入見に基づかずに聖書の神聖性を證言しようと欲するならば、我々は聖書が眞の道徳說を教へてゐることを聖書自身からのみ明らかにせねばならぬ。實にこのことに依つてのみ聖書の神聖性は證明され得るのである。何故といふに、我々が既に示したやうに、預言者の持つ確實性は專ら預言者の心情が正しきこと・善きことに向つてゐたといふことに基づく。故に預言者の言ふところに信を置き得る爲にはこのことが我々に明らかでなければならぬ。神の神聖性が奇蹟から證明され得ないことは我々の既に證明したところである、奇蹟が似而非預言者に依つても爲され得ることはしばらく措いて問はないとしても。故に聖書の神聖性は聖書が眞の德を敎へてゐるといふことそのことからのみ歸結されねばならぬ。だがこのことは聖書のみから證明され得る。若しそれが出來ないとすれば我々は大きな先入見に依つてのみ聖書に歸依し・聖書の神聖性を證言してゐることになるであらう。聖書に關する我々の全認識はこの故に聖書自身からのみ得られねばならぬのである。最後に聖書はその語つてゐる事柄について定義を與へてをらずこの點自然と同樣である。だから自然の種々雜多な出來事から諸〻の自然物に關する定義を導き出さねばならぬやうに、丁度そのやうに、聖書に於ける諸事物の定義も亦個々の事柄に關して聖書の中に見られる種々雜多な記錄から導き出されねばならぬ。

斯くて聖書を解釋する一般的規則は聖書の歷史から極めて明瞭に歸結されない如何なることをも聖書の敎へとして認めないといふことである。ところで聖書の歷史が如何なるものでなければならぬか、又それが專らどんなものを含まねばならぬかを我々はここに語らねばならぬ。

第一にそれは聖書の諸巻が書かれた言語又聖書の諸巻の著者たちが平常使つてゐた言語の本性乃至諸特性を包含せねばならぬ。これに依つて、各〻の文章が言葉の普通の用法上持ち得る限りのあらゆる意味を我々は探り得るからである。そして新約並びに舊約聖書の著者は皆ヘブライ人であつたからヘブライ語の歴史（歴史的知識）が何物にも增して必要なことが確かである。これはヘブライ語で書かれた舊約聖書の諸巻を理解する爲にばかりでなく、新約聖書の諸巻を理解する爲にも必要なのである。何故なら後者は他の諸國語に依つて擴められたとはいへ、やはりヘブライ的性格を持つてゐるからである。

第二にそれは聖書の各巻の中にある諸命題をまとめ、これを主要項目に分類し、同一主題に關聯するすべての命題を容易に見つけることが出來るやうにせねばならぬ。次に意味の曖昧な、或は不明瞭な、或は相互に矛盾するやうに思へるすべての命題に注意せねばならぬ。余がここに不明瞭な命題或は明瞭な命題と呼ぶのは、その命題の意味が文章の前後の關係から容易に分るか分らないかに應じてなのであつて、その內容の眞理性が理性で容易に把握されるかされないかについてではない。何故なら我々がここに携はつてゐるのは文章の意味についてだけであつて、その內容の眞理性についてではないのだから。のみならず我々は、聖書の意味を探るのである以上、自然的認識の諸原理に基づく限りに於ての推論に捉はれることを何よりも要心せねばならぬ（先入見に捉はれてならぬことは言ふまでもない）。むしろ或文章の眞の意味とその内容の眞理性とを混同しない爲には言語の表現からのみ、或は聖書以外の何物をも基礎としない限りに於ての推論からのみその意味が探究されなくてはならぬ。これらすべてを一層明瞭に理解するため例を以て説明しよう。「神は火である」とか「神は嫉妬深い」とかいふモーゼの命題は單に言葉の意味を眼中に置く限り極めて明瞭であり、從つて余は之を明瞭な命題の中に數へ入れる、尤も眞理又は理性といふ點からいへばそれは極めて不明瞭であるけれども。のみならず、たとへそれらの命題の文字上の意味が自然的光明に矛盾しても、若しそれが聖書から得られる諸原理・諸基礎に明白に背反しない限り、その意味――つまり文字上の意味――は支へられねばならぬ。之に反してこれらの命題がその文字上の解釋に於て聖書から得られる諸原理に矛盾すると見られるなら、たとへそれが理性に極めてよく合致する場合でも別な風に（換言すれば象徴的に）解釋されねばならぬ。だから神が火であることをモーゼが本當に信じたかどうかを知る爲には、さうした見解が理性に合致し或は矛盾するといふことからは絶對に結論さるべきでなく、むしろそれはたゞモーゼ自身に依る他の諸命題からのみ結論さるべきである。卽ちモーゼは神が天に或は地に或は水中に在る可視的諸物と何らの類似性を持たぬことを極めて多くの個所で明瞭に說いてゐるのであるから、これからして、この命題或はこれと同種のすべての命題は象徴的に說明されねばならぬといふことが結論されるのである。然し出來るだけ文字の意味から遠ざかるべきでないから、我々は先づ「神は火である」といふこの單獨の命題が文字通りの意味の外に別な意味を持ち得ないかどうか、換言すれば「火」といふ言葉が普通の火以外の別な意味を持ち得ないかどうかを調べねばならぬ。若し言語の用法上別な意味を持ち得ないといふことになれば、この命題はたとへどれ程理性に矛盾してもそれ以外に解釋されることが出來ぬ。むしろ反對に、他のすべての命題――よしんばそれが理性に合致したものでも――がこの命題に調和させられなければならぬのである。しかしこのことも亦言語の用法上不可能とするなら、これらの諸命題は兩立しがたいのであり、從つてそれらに關しては判斷を差控へねばならぬ。然るに「火」といふ言葉は怒り或は嫉妬の意味にも取られる（ヨブ記三十一章十二節參照）から、これからして、モーゼの諸命題は容易に兩立し、そして又我々は「神は火である」と「神は嫉妬深い」といふこの二命題が一にして同一なる命題であることを當然歸結し得るのである。尙ほ又モーゼは神が嫉妬深いことは明瞭に敎へてゐるが反對に神には情熱或は感情がないとは何處にも敎へてゐないのであるから、これからして、たとへこの命題が我の意見では理性に極めて矛盾したものであるにもせよ、モーゼがこのことを信じた、或は少くもこのことを敎へようとした、といふことを我々ははつきり結論し得る。何故なら、既に示したやうに、我々の理性の命令又は我々の平素の見解を規準として聖書の意味を歪曲することは我々に許されず、聖書の全認識は聖書からのみ得られねばならぬのであるから。

第三に聖書の歷史は、我々が今日なほ知り得る限りに於てあらゆる預言者の特殊的諸事情を解明せねばならぬ。卽ち先づ各卷の著者の生活、風習、意圖について、又その著者が何者であり、如何なる機會、如何なる時に、誰の爲、どんな言語でそれを書いたかについてである。次に各卷の運命について、卽ちそれがまづどんな風に認められたか、どんな人々の手に入つたか、又それにはどれだけ多くの讀み方があつたか、又どんな人々の發議に依つて聖典の中に容れられたか、最後に又人々が今日聖典と認めてゐるすべての巻がどのやうにして一體に結合されたか、等についてである。敢へて言ふ、これらすべてを聖書の歴史は包含せねばならぬ。蓋し如何なる命題が律法として立てられ、如何なる命題が道德說として立てられてゐるかを知る爲には著者の生活、風習、意圖を知る必要があるのであり、それに又我々は或人の精神乃至性向を一層よく知るにつれてその人の言葉を一層容易に說明し得るのである。次に永遠の敎へを一定の時代にのみ或は少數の人々にのみ役立ち得た敎へと混同しない爲にはすべての敎へが如何なる機會、如何なる時に、如何なる民族、如何なる世紀の爲に書かれたかを知ることが必要である。最後に、我々が前に擧げたこの外のことどもを知ることは、各巻の著者の問題とは別に、その原文が不正な手に依つて改竄されることがなかつたかどうか、色々の誤謬が入り込まなかつたかどうか、それが充分練達な・信用の置ける人々に依つて訂正されたかどうかを知るのに必要である。これらすべてを知ることは、我々がその提供されるすべてのことを盲目的に受け入れることなく、單に確實且つ不可疑的なことをのみ受け入れるやうにする爲に極めて必要なのである。

聖書に關するかうした歷史を獲得し、かうした歷史から歸結されないやうな或はかうした歴史から極めて明瞭に結論されないやうな如何なることをも預言者の教へとして確認しないことを固く決意した後で、その後で始めて我々は預言者たちの、又は聖靈の精神を探究する段取りとなる。然しこれにも亦我々が自然の歴史から自然の解釋にとりかゝる際に用ひると同様の方法・秩序が要求される。即ち自然的諸物を探究するには何よりも先づ全自然に共通する最も普遍的なものを、換言すれば運動と靜止並びにその諸法則・諸規則——自然がそれを常に守り又自然がそれに從つて絶えず活動するところの——を探究することに力め、そしてそれから次第に普遍性の程度の少い他の事どもへ進むやうに、丁度そのやうに我々は聖書の歴史からまづ最も普遍的なもの、全聖書の基礎・根柢たるもの、聖書の中ですべての預言者が永遠の教へ・生きとし生けるものに最も有益な教へとして薦めてゐるところのものを探求せねばならぬ。例へば萬能な唯一の神が存在すること、人々はこの神をのみ尊崇すべきこと、この神はあらゆる者のために配慮すること、しかし神を尊崇し隣人を自己自身と同様に愛する者を何者にもまして愛すること等これである。敢へて言ふ、これらのこと並びにこれと類似の事どもを聖書は至る所に於て極めて明瞭に極めてはつきりと教へてゐるので何人も未だこの點では聖書の意味について疑ひを持ち得なかつたのである。然し神の本性が如何なるものであるか、又神は如何なる風に萬物を見且つ萬物の爲に配慮するのであるか――かうしたこと並びに之と類似の事どもを聖書は明瞭に且つ永遠の敎へとして說いてゐない。むしろ、我々が先に示したやうに、預言者たち自身にしてからが之に關して一致した意見を持たなかつた。從つてかうした問題については何事をも聖靈の敎へとして建てるべきではないのである、たとへそれが自然的光明に依つては極めて明瞭に決定され得ようとも。

聖書のかうした普遍的な敎へを正しく認識した上で、我々は更に、普遍性の程度の少い他の事どもに進まねばならない。それはしかし通常の實踐生活に關することであり、いはばこの普遍的な敎へから支流として派生するところのものである。例へば眞の德のすべての特殊的外的行動であり、これは機會が與へられて始めて實行され得るものである。そして之らに關し不明瞭な或は曖昧なことが聖書の中に見出されるとしたら、それは皆聖書の普遍的な敎へを規準として說明し決定さるべきである。又若し相互に矛盾する事柄が見出される場合には、それがどんな機會、どんな時に、或はどんな人の爲に書かれたのであるかを注意せねばならぬ。例へば、キリストが「悲しむ者は幸ひなり、そは慰めを受くべければなり」（一）と言つてゐる場合、彼がどんな種類の悲しむ者を意味してゐるかはこの文章だけから知ることが出來ない。然し後で彼は神の國とその正義以外のことについては思ひ煩ふ勿れと說き、之を最高の善として薦めてゐるのであるから（マタイ傳六章三十三節參照）、これからして、彼が悲しむ者と言ふのはたゞ神の國とその正義が人々に無視されてゐるのを悲しむ者のことをのみ意味してゐることが歸結される。何故なら、神の國とその正義とをのみ愛し、運命の與へる他の諸幸福は全然省みない者のみが、さうしたことを悲しみ得るからである。又キリストの「人若し汝の右の頰を打たば左の頰をも之に向けよ」(三)といふ言葉並びにその以下に出てくる言葉についても同樣である。若しキリストが立法者として裁判官たちにかうした準據を與へたのだとしたら、彼はこの掟に依つてモーゼの律法を廢したことになるであらう。然し彼はそれと反對のこと「モーゼの律法を廢する者でないこと」をはつきり言つてゐる（マタイ傳五章十七節參照）。だから我々は誰が、どんな人々の爲に、又どんな時代に之を言つたのであるかを注意せねばならぬ。卽ち之はキリストが言つたのであり、そのキリストは立法者として律法を制定したのではなくて師として敎へを說いたのである。何故なら（上に示したやうに）彼は外的行動をよりも内的志向を是正しようと欲したのだから。次に彼は之らのことを紊亂した國家に住む抑壓された人々、――正義が全然無視され・滅亡が間近く迫つてゐる國家に住んでゐた人々に對して語つたのである。キリストが差し迫る都市〔エルサレム〕の滅亡を前にして說いたと全く同一のことをエレミヤも亦都市の最初の破滅に際して、――卽ち類似の時勢に際して說いたことを我々は知つてゐる（エレミヤ哀歌三章三十節參照）。つまり預言者たちはこのことを壓制時代に於てのみ說いたのであり、又決して之を律法として立てたのではない。これに反してモーゼ（彼は壓制時代に書いたのではなく、反對に彼は――この點に注意！――健全な國家を建設することに携はつてゐた）は、なるほど隣人に對する復讐と憎しみとを罰しはしたけれども、しかし目には目を以て償ふことを命じた(四)。かうした聖書の諸基礎からして次のことが最も明瞭に歸結される、卽ち不法を堪へ忍び惡しき者たちに萬事につけて無抵抗であれといふキリストやエレミヤのこの教へは、正義が無視される場所に於てのみ、又壓制時代に於てのみ適用されるのであつて、健全な國家に於て適用されるのでないといふことである。否、正義が擁護される健全な國家に於ては、各人は、自らの正しいことを明らかにしたければ、自分に加へられた不法を裁判官の前に陳述する義務があるのである（利未記五章一節参照)、但し之は復讐心の故にではなく(利未記十九章十七・十八節参照)、たゞ正義と祖國の法律を擁護する目的からであり、又悪人たちの悪性を助長しないやうにする爲にである。之らすべては又自然的理性にも完全に合致する。かうした種類の他の例を余はもつと多く擧げることが出來る、然し余の見解並びにこの方法の有益性を說明する(余はさし當りこれをのみ意圖する)のには今言つただけで充分であると考へる。

しかし余がこれまで說いた聖書の諸命題の究明方法は單に實踐生活に關するもの、從つて又究明に比較的容易なものについてのみであつた。實際かうした事柄に關しては聖書の著者たちの間に何ら意見の不一致がなかつたのである。だが聖書に出てくる他の事柄――單に思辨にのみ關する事柄は、さう容易には究め得ない。それに至る道はより狹いからである。事實、思辨的な事柄に關しては(旣に示したやうに)預言者たちの見解は色々違つてゐたのであり、又彼等の敍述は各時代の先入見に強く支配されてゐたのだから、我々は或預言者の精神を他の預言者のもつと明瞭な個所から歸結し・說明するわけにゆかない、その二人の預言者が一にして同一な見解を持つてゐたことが極めてはつきり分つてゐるのでない限りは。だからこのやうな場合如何にして預言者たちの精神を聖書の歴史から探求し得るかを余は簡單に解説しよう。

ここでもまた最も普遍的なものから出發せねばならぬ。即ち何よりも先づ聖書の中の極めて明瞭な諸命題から預言或は啓示の何たるかを、又それが主として如何なる點に存するかを探究し、更に奇蹟の何たるかを究め、かくて引きつづき諸〻の最も共通的な事柄に携はらねばならぬ。そして其處から各〻の預言者の見解に至り、それから最後に各〻の啓示乃至預言の意味、各〻の物語や奇蹟の意味に進むのである。この際預言者や物語者の精神を聖靈の精神並びに內容の眞理性と混同しない爲にどんな要心をせねばならぬかといふことについては、先に適當な個所で多くの例を以て示した。だからこれについてはそれ以上詳しく論ずる必要はないのである。たゞ啓示の意味に關して注意して置きたいのは、この方法に依つて我々は預言者たちが實際に見或は聞いたことをのみ究明し得るのであつて、預言者たちがかの諸〻の謎的言辭を以て何を意味し何を表現しようと欲したのかは究明の埒外にあるといふことである。かうしたことについて我々は一通りの推量をすることなら出來る、しかしこれを聖書の諸基礎から確實に導き出すことは出來ないのである。

斯くの如くにして我々は聖書を解釋する手段方法を示し、且つ同時にそれが聖書の眞の意味を究明する爲の唯一の確實な道であることを證明した。尤も聖書に關する確實な傳承乃至眞の說明を預言者たち自身から受け傳へた人々（パリサイ人たちが自負する如く）がゐるとしたら、或はまた聖書の解釋に關して誤謬を犯し得ない教皇を戴く人々（ローマ・カトリック教徒たちが誇る如く）がゐるとしたら、さうした人々は聖書の意味に關して一層多くの確實性を持つだらうことは余も認める。しかし我々はかうした傳承について、又教皇の權能について、確かなことを知らないのであるから、その基礎の上に何等確實なものを築くことが出來ないのである。事實さうした權能は既に最も古いキリスト教徒たちに依つて否定されてをり、又さうした傳承は既に最も古いユダヤの諸派に依つて排斥されてゐる。更に又パリサイ人が彼らの律法博士たちから受けたこの傳承なるものが、遙かに遠いモーゼの時代まで遡らせられるのであること（他の事どもはしばらく問はないとしても）を考へるなら、我々はそれが僞なるものであることを認めるであらう。これについては又他の個所で示すことにする。こんなわけで、かうした傳承は、我々から見れば極めて疑はしいものたらざるを得ない。成程我々も我々の方法の中でユダヤ人たちの或傳承を誤りなきものとして前提しなくてはならぬ。それは卽ち我々が彼らから受け繼いだヘブライ語に於ける言葉の意義である。（五）しかし我々は、先のやうな傳承については疑ふが、かかる傳承についてはは少しも疑ふ必要がないのである。何故なら、或章句の意味を變へることは人に時折り利益になり得ても、言葉の意義を變へることは誰にも利益になり得なかつたからである。それに、言葉の意義を變へることは中々實行困難である。何故なら、或言葉の意義を變へようとする者は、同時に又すべての著者を、──その言語で書き且つその言葉を在來の意義で用ひたすべての著者を、その一人一人の性向なり精神なりに應じて說明するか、或は極度の注意を以て之を改變するかせねばならぬからである。更に又言語は學者に依つてのみならず民衆に依つても維持されるが、之に反して章句の意味や書物は學者に依つてのみ維持される。從つて我々は、學者がその所有する極めて稀な或書物の中の章句の意味を變更或は改變し得たことを容易に考へ得るが、言葉の意義を變更し得たとは考へられない。加ふるに若し人が或言葉の意義をその慣用すると違つた意義に變更しようと欲すれば、その人は以後話す際にも書く際にもこの新しい意義を遵守せねばならぬことになり、之は相當困難である。以上の理由並びにその他の諸理由から、我我は何人も或言語を改變しようといふ氣になり得なかつたことを容易に信じ得る。之に反して或著作家の精神を改變することは、その諸章句を變更するなり之を歪曲して解釋するなりすることに依つて屢〻可能だつたのである。

斯くて、我々の方法（それは聖書の理解を聖書からのみ求めるといふことに存する）は唯一の眞の方法であるから、この方法を以てして充分の理解に達し得ない聖書の個所があれば、我々はそれについての理解を全然あきらめねばならぬ。ところでこの方法がどんな困難を含むか、或はまた聖書の充分且つ確實な理解に我々を導き得る爲にはこの方法に何が不足するかを、ここに余は問題としたい。

就中、この方法に於ける大きな困難は、この方法がヘブライ語の徹底的知識を必要とするといふことから生ずる。一體我々はこの知識を何處から求むべきであらうか。古代のヘブライ語學者たちはこの言語の諸基礎と敎へとについて何物をも後世に殘してをらぬ。少くとも我々は彼らから全く何物をも得て居らぬ、――辭書をも、文典をも、修辭學書をも。ヘブライ民族はその飾りとし誇りとする所以のものを悉く失つたのだ（あれ程屢〻の災難と迫害とを蒙つた後であつて見ればそれも無理からぬところである）。そして彼らは言語と僅少文獻との若干斷片を保持するに過ぎないのである。果實、鳥、魚の名前の殆どすべてが、他の多くの事どもと共に、時運の非なるに依つて滅びた。又聖書の中に出てくる澤山の名前や言葉の意義が或は全く不明になり、或はそれについて種々異論を生じてゐる。之らすべてもさることながら、更に又ヘブライ語の熟語的用法が我々にわからなくなつてゐる。ヘブライ民族に特有な熟語や表現法の殆どすべてが時の大浪に呑まれて人々の記憶から消え失せたからである。だから我々は我々の希望するやうに各章句のすべての意味を、――各章句が言語の用法上持ち得るすべての意味を究めることは常に出來るといふわけにゆかぬ。かくて我々は、その個々の言葉はよくわかつてゐながら全體としての意味が極めて不分明な・まるで理解の出來ぬやうな幾多の章句に逢着するのである。かうしたこと、即ち我々がヘブライ語に關して完全な歴史を持ち得ないといふことにかてて加へて、この言葉の構成乃至本質そのものがまた厄介である。この言語の構成乃至本質から甚だ多くの曖昧性〔多義性〕が生じ、その結果聖書のすべての章句の眞の意味を確實に究め得るやうな方法を發見することは不可能である。何故なら、あらゆる語學に共通する曖昧性の諸原因の外に、ヘブライ語には實に多數の曖昧性を生み出す他の諸原因が存在するからである。これについてここに述べるのは徒勞ではないと考へる。

第一に、聖書に於て、章句の曖昧性乃至不分明性は、同一言語機關に屬する文字が相互に置き換へ得られるといふことから屢〻生ずる。即ち、ヘブライ人たちはすべてのアルファベット文字を五つの發音機關――脣、舌、齒、口蓋（六）、咽喉――に應じて五つの種類に分類する。例へば Alpha, Ghet, Hgain, He 等は咽喉音と呼ばれ、何等の區別なしに（少くとも我々はその區別を知らない）相互に代用され合ふ。かくて「何々の方へ」を意味する el と「何々の上に」を意味する hgal とは屢〻代へられ得る。この結果章句のすべての部分が屢〻曖昧になるか、或は全然意義を持たぬ言葉のやうになる。

第二に、章句の曖昧性は接續詞及び副詞の多義性から生ずる。例へば vau は區別なしに時には結合を表はすのに用ひられ、時には分離を表はすのに用ひられて、「而して」「反對に」「何々だから」「然し」「そこで」等を意味する。又 ki は七つか八つの意義を、即ち「何々だから」「何々であるとはいへ」「若し何々なら」「何々の時に」「何々のやうに」「何々といふことは」「燃燒」その他の意義を有する。そして殆どすべての不變化詞がさうである。

第三に、多くの曖昧性の源泉は次の點に、——即ち動詞が直接法に於ては現在形、半過去形、大過去形、未來完了形を、並びに他の諸國語に於て極めてよく用ひられる他の諸〻の時稱形を缺き、命令法と不定法に於ては現在形以外のあらゆる時稱形を缺き、接續法に於ては全然時稱形を缺いてゐるといふ點に存する。尤も時稱と話法に關するかうした一切の缺陥はヘブライ語の諸基礎から導き出される一定の規則に依つて容易に、而も立派に、補ふことは出來る、然し古代の著作家たちは之を全く顧みることなく無雜作に未來形を現在形や過去形の代りに用ひ、反對に過去形を未來形の代りに、更に又直接法を命令法や接續法の代りに用ひた。そのため章句のひどい曖昧性が生じたのである。

ヘブライ語に於ける曖昧性のこの三つの原因の外に、なほ二つの注目すべき原因がある。そのどちらもが、前のより遙かに重要なものである。その一はヘブライ人たちが母音文字を持たなかつたことであり、その二は彼らが一般に文章をどんな記號に依つてでも區切ることをせず、又それを何らかの方法で表現乃至暗示することをしなかつたことである。尤もこの二つ、——母音文字と記號——は通常點符と揚音符とで補はれてはゐる。(七)然し我々はこれに充分の信を置くことが出來ない。何故ならそれはずつと後世の人々――我々にとつて何等の權威に價ひしない後世の人に依つて創始され採用されたものなのであるから。古人は點符なしに（即ち母音符と揚音符となしに）書いた（これは多數の證據に依つて明白である）のであり、後世の人々は聖書を解釋する必要が出てきたまゝにこの二者を附加したのである。だから我々が今日有する揚音符と點符とは單に近代人の解釋を示すもので、それは近代の學者に依る他の諸解釋以上には信用にも權威にも價ひしない。このことを知らない人々はヘブル書の著者（パウロ）が同書十一章二十一節に於て、創世記四十七章三十一節の章句を、それが點符つきのヘブライ文にあるとは全く違つた風に解釋してゐるのを不審に思ふであらう。恰も使徒（パウロ）が聖書の意味を點符學者たちから學びでもせねばならぬかのやうに！　余から見ればむしろ點符學者たちの方が正しくないのである。各人がこのことを分るやうに、同時に又この相違が單に母音文字の缺除から生じたのであることを知るやうに余は兩方の解釋をここに擧げよう。點符學者たちは彼らの點符に依つてから解釋した、「而してイスラエルは床《とこ》の頭《かしら》の上に禮拜せり」、或はまた（Hgain を同じ言語機關に屬する文字の Alpha に變更して）「而してイスラエルは床の頭の方へ禮拜せり」と。然るにヘブル書の著者は、

「而してイスラエルは杖の頭の上に禮拜せり」と解釋した。つまり彼は人々が mita と讀んでゐるところを mate と讀んでゐるのであり、この相違は單に母音符にのみ由來する。ところでこの物語に於ては專らヤコブの老齢が問題になつてゐるのであつて、その次の章に於けるやうにヤコブの病氣が問題になつてゐるのでないから、この物語を書いた人の心を忖度すれば、恐らくヤコブが杖の頭の上に禮拜した（高齢の老人は身を支へる爲に杖を要するから）と言つたので、床の頭云々と言つたのではないであらう。殊に杖の頭云々と解釋すれば全然文字の置換を假定する必要がないのだから。この例に依つて余は、單にヘブル書のこの個所を創世記の文句と合致させようとしたばかりでなく、その上叉特に近代の點符と揚音符がどんなに信用し難いものであるかを示さうとしたのである。故に聖書を何らの先入見なしに解釋しようと欲する者は、かうしたものに賴らず、獨自の立場に於て探究するところがなければならぬ。

ヘブライ語の構成乃至本質（再び我々の主題に戻る）が斯くの如くであつてみれば、聖書の中に實に多數の曖昧性が生ぜざるを得ないこと、從つてそれら全部を解決し得るやうな方法は存在し得ないことを何人も容易に認め得るであらう。蓋し我我は諸章句の相互的比較（これは、我々の示したところに依れば、各章句が言語の用法上持ち得る多數の意味の中から眞の意味を發見する爲の唯一の道である）に依つてこのことが完全に成し遂げられることは望み得ない。何故なら、如何なる預言者も或章句を書く際特に他の預言者の言葉や自分自身の書いた他の章句の言葉を解釋する目的を持つてゐるわけでない以上、諸章句のかうした比較に依つて或章句が解明され得るのは偶然のことにすぎないからである。更に又或預言者、使徒等の精神を他の預言者、使徒の精神から結論し得るのは、前に明瞭に示したやうに、單に實踐生活に關する事柄についてだけであり、思辨的な事柄が問題になつてゐる場合、或は奇蹟や物語に關して語られる場合にはさうはゆかぬからである。

余は聖書の中に多くの不可解な章句が見られるといふこの主張を若干の例を以て證明することが出來る。然し今はそれを見合せよう。そして余は未だ注意せねばならぬ他の事どもに移らう。それは聖書を解釋するこの眞の方法が尙ほ未だどんな困難を、又どんな不足な點を持つてゐるかといふことについてである。

この方法に於ける他の困難は、この方法が聖書各巻の特殊的諸事情の歷史を必要とするといふことから生ずる。我々はかうしたものの大部分を知らないのである。

何故といふに、多くの巻の著者を、或は筆者（さう言ひ換へてもいい）を、我々は全然知らぬか、或はそれについて疑ひを持つてゐるかである。之については次章以下に詳しく語らう。次に我々は著者を知らないそれらの巻が如何なる機會に、如何なる時に書かれたのかをも知らない。尙ほ又これらすべての巻が如何なる人々の手に入つたか、又如何なる人々の寫本にしかく多くの讀み方が見出されたか、最後に又他の人々の寫本には他の多くの讀み方がなかつたかどうか、かうした事どもについても我々は知らない。これらすべてを知ることがどんなに重要であるかを余はその場所で簡單に述べた。だが若干のことはその際故意に省略したのであるから、それを今ここで考察せねばならぬ。

我々が或書を讀むに當つて、その中に信じ難い或は解し難い事柄が含まれてをり、又はその書が極めて曖昧な表現で書かれてをり、しかも我々がその著者を知らず又それが如何なる時、如何なる機會に書かれたかをも知らないとしたならば、我々はその書の眞の意味を確知しようとするも徒爾であらう。之ら一切を知らなくては、著者が何を意圖したか、或は意圖し得たかを我々は全然知り得ないからである。之に反して之らのことを正しく認識すれば、我々は思考の範圍を限定することが出來るから、その結果我々は、何らの先入見に支配されることもなくなるし、又著者に對して、或は著者が物語つてゐる人物に對して、その價ひする以上の、或はその價ひする以下のことを認めることもなくなり、又我々は著者が意中に持つてゐた事柄をのみ、或は時と機會が要求した事柄をのみ眼中に置き得るのである。これは何人にも明らかなことと余は信ずる。實際我々は、違つた本の中に極く似寄りの物語を讀み、しかもその物語に關してはそれらの著者について持つてゐる我々の意見の相違に應じて全く違つた判斷を下してゐるといふことが實に屢〻ある。余はかつて或本の中で、怒りのオルランドスと名づけられた或男のことを讀んだのを憶えてゐる(八)。この男は、翼の生えた或怪物を常に空中に驅り、その欲するあらゆる地方を飛翔し、一人でおびたゞしい數の人間や巨人を殺すのである。この本にはなほ、知性の立場からは全く解し得ないかうした種類の他の多くの荒唐無稽な話が書かれてある。然し余はオウィディウスの中でもペルセウスについて之と類似の物語を讀んだし(九)、最後にまた士師記や列王紀略の中でもサムソンやエリヤについてやはり同様の物語を讀んだ。サムソンは單獨で、しかも無武裝のまゝで、何千の人間を殺戮したし(十)、エリヤは空中を飛翔し、遂に火の馬と火の車に乘つて天へ昇つたのであつた(十一)。敢へて言ふ、これらの物語は全く相似てゐる。しかしその各〻に關して我々は極めて異なる判斷を下してゐるのである。卽ち我々の判斷では、最初のものはお伽噺を書かうとしたにすぎないのであり、第二のものは政治上の話を、第三のものは聖なる物語を書かうとしたのである。我々はそれらの物語の著者について持つ我々の意見に基づいてのみかうした判斷を下し得るのである。故に不分明な內容或は知性を以てしては解し難いやうな內容の書物を解釋しようと欲するならその著者を知ることが何より必要であることになる。更にこれらの理由に依り我々は、不分明な物語に關する種々異つた讀み方の中から眞の讀み方を選び得る爲には、どんな人々の寫本にさうした色々な讀み方が見出されたか、又もつと權威に價ひする他の人々の寫本には他の多くの讀み方が發見されなかつたかどうかを知らねばならぬのである。

最後にこの方法は聖書の若干の卷の解釋に關しては尙ほ次のやうな困難を含んでゐる。それは我々がそれらの諸卷を最初に書かれた原語のまゝでは保持してゐない事である。例へばマタイに依る福音書、そして疑ひもなくヘブル書も、一般の認めるところに依れば、ヘブライ語で書かれたのであるが、それは今は存在してゐない。(十二)又ヨブ記に關しては、それが何語で書かれたかは異論がある。イブン・エズラはその註釋書の中で、ヨブ記は他の國語からヘブライ語に飜譯されたのであり、その爲ヨブ記には不分明な個所が多いのだと主張してゐる。外典《アポクリファ》の諸巻に關しては余は何も言はない。何故なら外典の諸巻は權威といふ點では遙かに劣るのであるから。

　聖書を、我々が持ち得る限りに於ての聖書の歴史から解釋しようとするこの方法は、上に擧げたやうな諸困難を伴つてゐる。余はこれらの困難を可成重大なものと思ふのであり、かくて余は躊躇することなくかう主張する、我々は聖書の多くの個所についてその眞の意味を全然知らないか、或は確實性のない當て推量をしてゐるに過ぎないか、そのどちらかである、と。然し改めて注意せねばならぬのは、これらすべての困難が預言者たちの精神を捕捉するに妨げとなるのは、解し難い事柄・表象のみなし得る事柄に關してだけであつて、知性で把握し得る事柄・その明瞭な概念を容易に形成し得る事柄に關してではないといふことである(十三)。何故なら、その本性上容易に解し得る事柄は、理解し難いやうに不分明に表現されることは出來ないものだからである。諺にも、「理解する者には一語にして足る」とあるやうに。極めて單純な、極めて可理解的なことをしか書いてゐないユークリッドは、誰に依つても、又どんな國語に於ても、容易に說明される。ユークリッドの精神を捕捉し・

彼の眞の見解について確知するためには、彼の書いた國語についての完全な知識が必要ではなく、たゞそれについての極めて一般的な、殆ど初心的な知識を持つだけでよいからである。又著者の生活、意圖、風習を知つたり、どんな言語で、誰の爲に、何時書いたかといふことや、本の運命、その色々な讀み方、如何にして、又どんな人々の發議に依つてそれが認められたか、などについて知る必要はないのである。そしてここにユークリッドについて言ふことは、その本性上可理解的な事柄についで書いたすべての人々に當てはまる。故に我々はかう結論する、我々は道徳説に關しては、聖書の精神を、我々が持ち得る限りに於ての聖書の歴史から容易に捕捉することが出來るし、又その眞の意味について確實に知ることが出來る、と。というのは、眞の敬虔に關する教へは極めて一般的な、極めて單純な、極めて可理解的なものであるから、最も普通の言葉を以て表現されてゐるのである。それに、眞の救ひ乃至福祉は魂の眞の平安の中に存し、そして魂の眞の平安は極めて明瞭な認識の中にのみ見出されるのであるから、我々は救ひに必要な事柄・福祉に必要な事柄に關しては聖書の精神を確實に捕捉し得るといふことが明らかなのである。だから我々はその他の事柄に關してはとやかくと思ひを煩はす要がない。外の事柄は概ね理性や知性に依つて把握されず、從つてそれは珍奇なものではあり得ても有益なものではあり得ないからである。

以上を以て余は、聖書を解釋する眞の方法を示し、それに關する余の見解を充分說明したつもりである。それに、この方法が自然的光明以外の如何なる光明をも要求しないことは、何人にも判明したことと信ずる。何故なら、自然的光明の本性乃至働きは、不分明なことを明瞭なことから、或は明瞭なものとして前提されたことから、正しい推理に依つて歸結し・結論することに專ら存するのであるが、我々のこの方法が要求するのもこのことに外ならないからである。尤もこの方法が聖書の中に出てくるすべてのことを確實に解明するに足りないことは我々も認める。然しそれはこの方法自身の罪ではなく、この方法が眞に正しいものとして敎へてくれる道が未だかつて開拓されたことのない、又何人にも踏まれたことのない路であり、從つてそれは時代の經過するにつれて極めて險しい・殆ど行き難いものとなつてゐる爲である。このことは余が擧げた諸〻の困難そのものから充分明らかであると考へる。

殘るのは、我々の反對者たちの意見を吟味することだけである。先づ第一に吟味せねばならぬのは、自然的光明は聖書を解釋する力を有しない、聖書を解釋するには何より超自然的光明が必要である、とさう主張する人々の意見である。(十四) 一體自然的光明以外の光明とはどんなものであるのかの說明は彼等自身に委ねよう。少くとも余は、彼らは聖書の眞の意味が多くの場合よく判らぬことを、極めて不分明な表現に於てではあるが自白しようと欲したのである、としか考へることが出來ぬ。事實彼らの解釋によく注意するならば、それは何ら超自然的なものを含まず、むしろ純然たる推量以外の何ものでもないことを我々は發見するであらう。何故なら、彼らの解釋を、自然的光明以外の如何なる光明をも有してゐないと率直に自白する人人の解釋と比較して見るがよい。さうすれば、前者は後者と全く似よりであること、換言すればそれは長い間考へ・色々骨折つて作り上げた純然たる人間的解釋であることが分るであらう。さて又自然的光明が聖書を解釋するのに充分でないといふ彼らの主張は、次の二つの理由からその正しくないことがわかる。一は、既に證明したやうに、聖書を解釋する困難は自然的光明の無力に由來するのでなくて、人々の怠慢から——聖書の歷史を總括することがまだ可能であつた時代にそれを蔑ろにした人々の怠慢(敢へて惡意とは言はないまでも)からのみ由來するからである。二には、この超自然的光明は篤信者にのみ與へられた神の賜物である（余の思ひ違ひでない限りすべての人がそれを主張する）とされるからである。然し預言者や使徒は一般に篤信者に對してばかりでなく專ら不信心者や冒瀆の徒に對しても說教したのであり、これで見ればかかる人々も預言者や使徒の精神を理解する能力を持つてゐたのである。さもなくば預言者や使徒は理性を有する大人に對してではなく子供や幼兒に對して說教したと同じことになるであらう。なほ若し律法が、律法を必要としないやうな篤信者にのみ理解され得たのだとしたら、モーゼがそれを規定したのは意味をなさないことになるであらう。だから預言者や使徒の精神を理解する爲に超自然的光明を要する者は確かに自然的光明を缺いてゐるのであり、余はさうした人間が超自然的な神の賜物を有するなどとはとても思ひかねるのである。

マイモニデスの意見は全く異なつてゐた。彼の意見はかうである。聖書の各個所は色々な意味を、否、相反的な意味をさへ持ち得る。我々はその個所が、我々の解釋に依つて理性と合致しない何ものをも、或は理性と矛盾する何ものをも含まないことを知る時に、始めてその個所の眞の意味について確信を持ち得るのである。若しその個所が文字の意味から言つて理性に矛盾するのであつたら、たとへそれが明瞭に思はれる個所であつても別な風に解釋されねばならぬ。さう彼は考へたのである。このことを彼は「迷へる者の導き」の第二卷二十五章にはつきり語つてゐる。曰く、「世界が永遠この方存在したと余が敢へて言はないのは、聖書の中に世界創造について語つてゐる個所がある爲だとは思つてもらひたくない。事實、世界が創造されたことを說いてゐる個所は、神が有形的であることを說いてゐる個所程は多くない。それに世界の創造を對象としてゐるかうした個所を解釋する道が我々に閉ざされてゐるわけでも、阻まれてゐるわけでもない。むしろ我々は神の有形性を否定する時に爲したと同じ風にさうした個所を解釋し得たであらう。否、恐らくこちらの方が一層容易だつたのであり、かうした個所を解釋して世界の永遠性を主張することは神の有形性を否定する爲に聖書を解釋した時と比べてもつと安々と出來たであらう。しかも余がこれを爲さず、又このこと（卽ち世界が無限であること）を信じない所以は次の二理由に依る。第一は、神が形體を有しないことは明瞭な證明に依つて確實なのであり、從つてその文字上の意味が之に矛盾するやうな個所はすべて解釋し直さねばならぬからである。何故ならさうした個所には必ずや解釋（文字上の解釋以外の解釋）の餘地が存するからである。之に反して世界の永遠性ははつきり證明されるといふわけではない。だから一應尤もらしい見解、然し他に然るべき理由があればその反對の見解にも變り得るやうなさうした見解の爲に聖書を曲げて解釋することは必要でない。第二には、神が形體を有しないことを信ずるのは律法の諸基礎と矛盾しない……が、アリストテレスのやうな風に世界の永遠性を信ずることは律法をその根本から破壞する……からである。」之がマイモニデスの言葉であり、この言葉から余が今しがた言つたことが明らかに歸結される。事實若し世界の無限性が彼に理性に依つて明白であつたとしたら、彼は躊躇なく聖書を曲げて解釋し、結局聖書がさうしたことを教へてゐるかのやうに說明したであらう。それどころか、彼は直ちに、聖書が世界の無限性を說かうと欲したもの――たとへ聖書の至るところその反對のことがはつきり述べられてゐても――と確信したであらう。從つて彼は、聖句の意味がどんなに明瞭であつても、事柄自身の眞理性が彼に疑はしい限り、或はその眞理性が彼に明らかでない限り、その聖句の眞の意味について確信を持ち得なかつたであらう。何故なら事柄の眞理性が我々に明らかでない限り、その限り我々は、その事柄が理性に合致するか矛盾するかを知り得ないし、從つてまたその限り我々は、文字上の意味が眞であるか僞であるかをも知り得ないからである。

若しこの意見が眞なら、余は聖書を解釋する爲には自然的光明以外に他の光明を要することを無條件で容認したであらう。何故と言ふに、聖書の內容の殆どすべては(既に示したやうに)自然的光明に依つて認識された諸原理からは導き出され得ない以上、我々は自然的光明を以てしては聖書の內容の眞理性について確知し得ない、從つてまた聖書の眞の意味乃至精神についても確知し得ない、むしろその爲には必然的に他の光明を要する、といふことになるからである。又若しこの意見が眞なら、民衆は、——一般に證明を解せず又證明に携はる餘裕のない民衆は、聖書に關して哲學者たちの權威と證言とにのみ賴る外なくなり、從つて民衆は哲學者が聖書の解釋に關して不可謬的であることを假定しなければならなくなるであらう。これは言ふまでもなく、新しい教權を建て、新しい教職制度・新しい教皇制度を置くに等しいのであり、民衆はさうしたものを尊敬するよりは嘲笑するであらう。尤も我々の方法も、民衆がその研究に携はる餘裕のないヘブライ語の知識といふものを必要とはする。然し我々に對して同樣の非難を浴びせるのは當らない。といふのは、昔預言者や使徒が說教し或は書いた當の相手であつたユダヤ人の民衆や異教徒の民衆は預言者や使徒の言語を理解したのである。そしてこの言語を通して彼らは預言者たちの精神をも把握したのである。しかし彼らは預言者たちの說教の論據、――マイモニデスの意見に依れば預言者たちの精神を把握する爲には是非知らねばならぬとされたさうした論據を把握したわけではない。だから我々の方法からは、民衆が解釋者たちの證言に滿足せねばならぬといふ結論は出て來ないのである。何故なら我々は今、預言者や使徒の言語を解した民衆を引合に出してゐるのだから。之に反して、マイモニデスは、諸物の原因を理解しそれに依つて預言者たちの精神を把握するやうな民衆を我々に示すことは出來ないであらう。若しそれ今日の民衆に關して言へば、既に證明したやうに、救ひに必要なすべてのことは極めて一般的な・極めてありふれた事柄であるから、たとへそれを根據つける理由がわからなくてもそれはどんな言語に於てでも容易に把握され得る。そしてかうした把握が民衆を滿足させるのであつて、解釋者たちの證言が滿足させるのではない。なほ他の事どもに關しては民衆は學者たちと同じ事情の下に立つのである。

だがマイモニデスの意見に戻つてそれを一層精密に吟味してみよう。第一に彼は、預言者たちがすべての點に於て相互に一致したこと、並びに預言者たちが偉大な哲學者・偉大な神學者であつたことを假定してゐる。何故なら彼は預言者たちが物の眞理を知つての上で結論したと考へてゐるからである。然しこれが間違ひなことは我々が第二章で示したところである。次に彼は聖書の意味が聖書自身からは知られ得ないことを假定してゐる。事實、物事の眞理は聖書自身からは知られないのであり(何故なら聖書は何事をも證明せず、又その語る事柄を定義並びにその第一原因に依つて說いてゐないから)、從つて、マイモニデスの考へ方では、聖書の眞の意味は聖書自身からは知られないことになり、又聖書自身から求められ得ないことになるからである。然しこのことも間違ひであることは本章から明らかである。何故なら聖書の意味が聖書自身からのみ知られること、又聖書自身からのみ(たとへ自然的光明に依つて認識される事柄に關して語られてゐる場合でも)求めらるべきことを、我々は理論並びに實例に依つて示したからである。最後に彼は、我々は聖書の言葉を我々の先入的意見に從つて說明し、歪曲し、文字上の意味——たとへそれが透徹した明瞭なものでも——を否定し、又之を他の任意の意味に變更することが許されるといふことを假定してゐる。然しかうした得手勝手は我々が本章並びに他の諸章に於て證明した事どもと直接矛盾することは暫く措き、何人もさうしたことが行き過ぎであり、輕率であることを認めるであらう。しかし假にこの大きな得手勝手を彼に許容するとして見よう。結局それが何に役立つであらうか。決して何にも！　何故なら聖書の主要部分を構成するところのことは證明の出來ない事柄であるから我々はそれをかうした手段に依つても究明することが出來ないし、又かうした規範に由つても説明し・解釋することが出來ないからである。之に反して、我々の方法に從へば、かうした種類のことをいくらでも説明し且つそれについて確實な立論をなし得る。これは既に理論並びに事實そのものに依つて我々の示したところである。尙ほ又その本性上可理解的な事柄に關して言へば、さうした個所の意味は、やはり既に示したやうに、文章の前後の關係を考へただけで容易に歸結し得る。だからマイモニデスのこの方法は全く無用である。加ふるにこの方法は、聖書を素朴に讀む民衆から、又他の方法に從ふすべての人々から、聖書の意味に關して持ち得るあらゆる確實性を全く奪ふものである。故に我々は、マイモニデスのこの意見を有害無益且つ不條理なものとして排斥する。

更にパリサイ人たちの傳承に關して言へば、それが充分筋道の立つたものでないことを我々は先に述べた。ローマ教皇の權能に至つてはもつと明瞭な據りどころが必要である。余がかうした權能を認めないのはかかる理由からに外ならない。事實若し教皇の權能が、かつてのユダヤの大司祭の權能と同様に聖書自身に基づいてはつきり證據立てられるのであつたら、余は、ローマ教皇たちの中に異端者・瀆神者があつたからとてそれをとやかく言はなかつたであらう。何故なら、かつてヘブライの大司祭たちの間にも異端者・瀆神者があり、之らの人間は不正な諸手段に依つて大司祭の位を得たのであるが、それにも拘はらず律法を解釋する最高權力は、聖書の命ずるところに依つて彼等の手中にあつたのである。申命記十七章十一・十二節、三十三章十節及びマラキ書二章八節參照。然るにローマ教皇たちは何らかうした據りどころを我々に示して居らないのであるから、彼らの權能は至つてあやふやなものになつてゐる。尙ほ又人々がヘブライの大司祭たちの例に惑はされてカトリック教にも大司祭〔教皇〕が必要であると速斷しないやうに我々は次のことを注意せねばならぬ。モーゼの律法は國家の公的法規になつてゐたのであるから、之を維持する爲には必然的に何らかの公的權能が必要であつた。實際若し各人が公的法規を自己の意向通りに解釋する自由を持つとしたならば、どんな國家だつて存續することが出來ず、むしろその國家はさうしたことに依つてたちどころに崩壞し、公的法規は個人の法規に過ぎなくなるであらうからである。然るに宗教は之と全く事情を異にする。宗教は外的諸行爲の中によりも魂の純朴と誠實との中に存するのであるから、公的法規・公的權能には從屬しない。(十五)何となれば魂の純朴と誠實とは法律の支配や公的權能に依つてはぐくまれることが出來ないし、又何人も權力や法律に强制されて福祉の境地に至ることは絕對に出來ないからである。むしろこの爲には敬虔と友愛とに基づく訓誡、正しき敎育、そして何よりも先づ獨立且つ自由なる判斷を必要とする。斯くてものを自由に考へる——宗敎に關しても——最高の權利は各人のもとにあるのであり、又何人もこの權利を放棄し得るとは考へられないのであるから、これからして宗敎に關して自由に判斷し、從つて又宗敎を自己に對して說明し解釋する最高の權利・最高の權能も各人のもとに在ることになる。蓋し法律を解釋し公の事柄に關して判斷する最高の權能を政府が有するのは、さうした事柄が公の秩序に關する問題だからに外ならない。從つて同樣の理由から、宗敎を解釋し宗敎に關して判斷する最高の權能は各人のもとになければならぬ。余が同樣の理由と言つたのは、さうした事柄は各人の權利に屬する問題であるからといふ意味である。この故にヘブライの大司祭が國法を解釋する權能を持つてゐたといふことからローマ敎皇が宗敎を解釋する權能を持つてゐると結論をすることは決して出來ないのである。むしろ反對に、各個人こそさうした最高の權能を持つてゐることがそれからもつと容易に結論される。

なほ聖書の解釋に對する我々の方法が最善のものであることはこのことからも示すことが出來る。といふのは、聖書を解釋する最高の權能が各人のもとにあるからには、これを解釋する規範は萬人に共通な自然的光明以外の何ものでもあるべき筈がなく、決して超自然的光明であつたり、何らかの外的權力であつたりしてはならぬからである。又方法は俊敏な哲學者たちにしか扱へないやうな困難なものであつてはならぬのであり、むしろそれは人々の持つ自然的且つ普遍的智能力に叶つたものでなければならぬ。我々の方法がさうしたものであることは既に示したところである。何故なら、我々の方法に存する諸困難は、人々の怠慢に由來したのであつて、方法の本性に由來するのでないことを我々は見たのであるから。

譯者註

緒言

（一） 「一たび疑惑の……あつちに動かされし」の句は殆ど文字通り Terentius, Andria I. 5, 31. からの引用である。

（二） Curtius Rufus. 古代ローマの史家。アレキサンダー大王の傳記たる Historiae Alexandri Magni（十卷）の著者。

（三） メインスマ（Meinsma）は「スピノザとその周圍」の中でこの個所を「メフィスト的皮肉」と名づけてゐるが、それは思ひ過ぎであらう。オルデンバルネヴェルトやウィットの指導下にあつた當時のニーデルランドでは、思考と信教の自由が、少くも他の諸國と比べては餘程保證されてをり、このことはデカルトやルーカス（スピノザの傳記作家）も充分認めてゐる。スピノザがこの點について心中感謝の念を持つてゐたとしても別に不思議はないであらう。

（四） 當時のカルヴィン派神學者や説教僧たちの態度を難じたものである。もともとカルヴィン派の聖典たる「キリスト教要綱」は、政權が神の教へに忠實ならざる場合、政權に對する信徒の反抗を是認する如き主張を含んでゐるのであるが、當時のニーデルランドの神學者たちはこの主張を濫用する傾向が特に著しかつた。

第一章

(一)　スピノザはこの個所に次のやうな註を附してゐる。「換言すれば、神の代辯者と呼ばれ得ない。といふのは、神の代辯者とは、自分に啓示された神の諸決定を他の人々に――その決定を啓示されず・又その決定を受け入れるのに單に預言者の權威と預言者に對する信仰とにのみ頼る人々に――代辯する者を言ふからである。若し、哲學者の言を聽く人間が哲學者となるやうに預言者の言を聽く人間が預言者となるのであつたとしたら、預言者は神の決定の代辯者ではなくなるであらう。何故なら、その場合、預言者の言を聽く人間は預言者自身の證言と權威とにではなく反つて、預言者と同樣、神的啓示そのものと內的證言とに頼ることになるであらうから。かくて又最高權力〔主權者〕は自分の國家に於ける法の代辯者〔解釋者〕である。何故なら、最高權力に依つて制定された法律は最高權力自身の權威のみに依つて維持され、最高權力の證言のみに依つて支へられるのであるから」(附註第二)。

(二)　コレギアント派の人々を念頭に置いて言つたものと思はれる。スピノザと親密な關係にあつたコレギアント派の人々は、自分たちの團體の中から再び昔のやうな預言者が出現することを期待し、これを口に、書に、說いた。

(三)　マイモニデスはかうした言葉や形象を單に表象的なものと解したが(「迷へる者の導き」二の三十六)、スピノザは、これに反し、聖書と眞理とを混同せざらんがため(卷頭の解說参照)、かゝる合理的解釋を排し、聖書を聖書の文句からのみ解したのである。尙ほマイモニデスについては後の註(十一)を參照されたい。

(四) モーゼの預言が他の預言者たちの預言とは別格なものであることをスピノザがここに前提としてゐるのは、それが聖書の物語から、又マイモニデスなどの解釋(「迷へる者の導き」二の三十五)から、當時一般に認められてゐた見解だつたからである。

(五) サムエル前書三章四―八節。

(六) 主としてマイモニデスを指す。

(七) 出埃及記二十章二―十七節。

(八) 申命記五章六―二十一節。

(九) 出埃及記三十三章二十三節參照。

(十) 民數紀略二十二章二十三―二十七節。

(十一) 「神學・政治論」の前半は或意味に於てはマイモニデスを駁するために書かれたものとも言ひ得る。ヨエル(Joel; Spinozas Theologisch-Politischer Tractat, Breslau, 1870)は本書の預言論や奇蹟論はマイモニデスの「迷へる者の導き」が存在しなかつたら書かれなかつたであらうとさへ言つてゐる。スピノザはその著書の中で他人の説を駁する場合その人物の名を擧げることは稀なのであるが、本書ではマイモニデスの名が屢〻明記されてをり、これで見ても彼が眞劍にマイモニデスに立ち向つてゐることがわかる。マイモニデス(モーゼス・ベン・マイモン）は中世（一一三五―一二〇四）のユダヤ神學者、哲學者、星學者、醫學者。彼は當時の人々が傳統的信仰と哲學の敎へとの矛盾の中に「迷つてゐる」のを「敎導する」ため「迷へる者の導き」（More Nebuchim）を著はして哲學と神學、アリストテレスとユダヤ的信仰の結合を試みた。哲學と神學とを分離することを使命とするスピノザとは正に對蹠的立場にあつたわけであり、スピノザは本書の中で至るところマイモニデスの說を駁してゐるのである。

（十二）士師記十三章。

（十三）創世記二十二章一―十九節。

（十四）創世記三十七章五―十一節。

（十五）ヨシュア記五章十三―十五節。

（十六）本書第四章にも、「キリストは預言者であるといふよりもむしろ神の口であつた云々」とある。

（十七）一六七五年十二月オルデンブルクに宛てた書簡七十三參照。

（十八）ここに天使とは、スピノザ自身が第四章で說明してゐるやうに、「創られたる聲、諸々の異象」などを指すのである。

（十九）出埃及記三十三章十一節。

（二十）マイモニデスはこれに反し、預言には完全な表象力をのみならず完全な理性をも必要としてゐる（「導き」二の三十六）。

（二十一） マイモニデスも ruagh なる語の種々の意義を擧げてをり、就中この語の中に「神的理性の流出」（卽ち神から來る靈感）の意を認めてゐるが（「導き」一の四十）、スピノザはさうした神秘的意義をこの語から排除せんとしてゐる。

（二十二） テキストにはこの章句數の標示がない。但しフローテン版はこれを〔 〕の中に補つてゐる。

（二十三） 創世記六章一―四節。

（二十四） 創世記四十一章三十八節。

（二十五） ダニエル書四章九節。

（二十六） 創世記二章七節。

（二十七） 詩篇三十三篇六節。

（二十八） この個所に對するスピノザの註に曰く、「或人々が、自然が他の人々には與へない或性質を持つてゐるとしても、その特別に持つてゐる性質が人間の本性の定義から理解され得ないやうなものでない限り、その人々は人間の本性を超越するとは言はれない。例へば、巨人の大いさは稀な大いさであるが、しかしそれはやはり人間的な大いさである。又卽席に詩を作ることは僅少の人にしか與へられぬ才能であるが、それでもやはり人間的才能であり、〈さういふことの容易に出來る人々が世にはゐる〉。 或人が、目を開いたままで、或もの〔現實には存在しない或もの」を、恰も眼前にあるかの如く生き生きと表象するといふことについても同様に言へる。これに反して、若し理解に對する他の手段、認識に對する他の基礎を持つてゐる人がゐるとしたら、その人は確かに人間の本性の限界を超越してゐるのである」(附註第三)。

(二十九) 超絶的名辭 (terminus transcendentalis) とは極めて普遍的なるためアリストテレス的範疇の系列をも超越する名辭を言ふ。スピノザに依れば有、物、或物、眞、善、一などがそれである(「エチカ」二部定理四十備考一、「形而上學的思想」一部六章參照)。

(三十) 列王紀略上二十二章十九節。

(三十一) ダニエル書七章九節。

(三十二) エゼキエル書一章二十六—二十七節。

(三十三) マタイ傳三章十六節、マルコ傳一章十節、ルカ傳三章二十二節。

(三十四) 使徒行傳二章三節。

(三十五) 使徒行傳九章三節。

(三十六) 預言者に於ける預言の能力が決して永く續かぬことはマイモニデスの「導き」二の四十五にも説かれてある。

第二章

(一) 列王紀略上四章三十一節、歴代志略上六章三十三節。

(二)　列王紀略上四章三十一節。

(三)　同前。

(四)　創世記十六章七―十三節。

(五)　出埃及記三章十二節。

(六)　列王紀略下二十章八節。

(七)　心性的確實性（certitudo moralis）とは、或事柄に對し、明瞭判然なる認識に基づいてでなく單に一應の納得に基づいて心的に抱く確實性を言ふ。この確實性は勿論蓋然的確實性以上には出ない。尙ほスピノザに於ける心性的確實性なる語の用例については附註第八（譯者註第七章の部に出づ）並びに第十五章の後段を參照されたい。

(八)　サムエル前書二十五章二―四十四節。

(九)　列王紀略上二十二章一―三十九節。

(十)　當時の素朴な考へに依れば、民の數は神のみ知るべきもので人間の闚知すべきものでないのに、ダビテはヨアブの諫止も聞かずに人口調査をなし、そのため罰として疫病に依る七萬人の死者を出したことを言ふ。サムエル後書二十四章。

(十一)　マイモニデスに依れば預言に必要な條件は「理性の完全性」「表象力の完全性」「品行の完全性」の三つ（「導き」二の三十六）であるが、この二番目の條件たる預言者に於ける「理性の完全性」を認めぬスピノザは、その代り「徵證」といふ條件を持出してゐる。この點彼は同じく中世のユダヤ哲學者クレスカス Hasdai Crescas (1340—1410) と軌を一にする。

(十二) エレミヤ記十九章及び二十一章。

(十三) 前記ヨエルに依れば、スピノザの「短論文」の中には屢〻クレスカスの主著「主の光」(Or Adonai) にあると同樣の思想が見られるのみならず、時にはクレスカスと同一の引例が擧げられてゐる。このことは本書にもあてはまる。卽ち「徵證」の說並びにこれを確立するためのハナニヤの引例も亦クレスカスの中(「主の光」二の四)に見られるのである。

(十四) マイモニデス曰く「……預言者の預言能力は悲しみの時や怒りの時は止む」(「導き」二の三十六)と。

(十五) イザヤ書六章一―四節。

(十六) エゼキエル書一章。

(十七) 列王紀略下二章十六節。

(十八) ヨシュア記十章十二―十四節。

(十九) 列王紀略下二十章九―十一節、イザヤ書三十八章八節。

(二十) Terentius の人口に膾炙する句 Homo sum; homini nihil a me alienum puto (Heaut. I. 1, 25.) の引用であること明らかである。

(二十一) 創世記六章十三及び十七節。

(二十二) 創世記三章八節。

(二十三) 創世記四章九節。

(二十四) 創世記十八章二十一節。

(二十五) 出埃及記三章十五節。

(二十六) 出埃及記二十章。

(二十七) 出埃及記三十三章二十節。

(二十八) ヨナ書一章三節以下。

(二十九) これは勿論前に出てゐる預言者ハナニヤとは別人であり、タルムードに依ればその正しき名は Hanania ben Hiskia といふ。スピノザは本書の十章にも同じくエゼキエル書の隱匿のことを言ひ、それを阻止した人を Hiskia の子 Neghunja と呼んでゐるが、これはハナニヤと同一人物であること明らかであり、後の名は恐らく誤記であらう。因に、ゲプハルトに依れば、このハナニヤは使徒パウロの師たる Rabbi Gamaliel I. と同時代の人であるが、預言者の書の正典目錄はその當時既に決定してゐたのであるから、その中の一を隱匿するといふことは行はれ得ぬわけであり、これは恐らくエゼキエル書を單に神事に用ひることから除外した旨記してあるのをスピノザが隱匿云々と誤解したものかと思はれる。

(三十) Flavius Josephus (37—95)。ユダヤの史家。「ユダヤ古事」(Antiquitates) 二十卷の作者。聖書の中の物語や人物に關して當時尚ほ殘つてゐた諸傳説を書き留めた。

(三十一) 列王紀略上二十二章十九節以下。

第三章

（一）「形而上學的思想」二部九章參照。
（二）スピノザがここで念頭に置いてゐるのはラ・ペイレール Isaac de la Peyrère（1594—1676）のことであらう。彼がモーゼ五書の成立に關し相當鋭い批判を示してゐることは解説で一寸觸れたが、彼は又一面かうしたいはれなき夢想をも抱いてゐたのである。卽ち彼はその著「神學體系」、詳言すれば「先アダム的人間の假設に基く神學體系」（Systema Theologicum, ex Praeadamitarum Hypothesi）の中で、アダム以前に旣に人類が存在し、これがイスラエル民族を除く一般人類の祖先であり、アダムは特別にイスラエル民族のみの祖先として創られてゐる、といふ假設を立てた。
（三）民數紀略二十四章十六節。
（四）民數紀略二十四章十七節。
（五）民數紀略二十四章十三節。
（六）民數紀略二十二章二十二節以下。
（七）ロマ書三章二十一節以下。
（八）ゲプハルトに依れば、以下のやうな信念はスピノザ時代にもユダヤ敎團の中に根づよく殘存してをり、スピノザの若き日の師の一人たるマナセ・ベン・イスラエルはその代表者であつた。

第四章

(一) ロマ書三章二十節、ガラテヤ書二章十六節。

(二) 正義(justitia)の定義については「エチカ」四部定理三十七の備考二、「國家論」二章二十三節、「神學・政治論」十六章等參照。

(三) 創世記二章十七節。

(四) これらのことどもについては書簡十九參照。

(五) スピノザに依れば、キリストは神を表象力に依つてでなくて認識力に依つて把握したのであるから預言者でなくて哲學者であつたのである。

(六) 本書に於けるパウロの引用は、専らトレメリウスがシリヤ語のテキストからラテン語に譯したものに依つてゐるが、この譯は所謂ヴルガータ譯とかなり異つてゐる。スピノザはどうやら、ギリシヤ語のテキストをでなくシリヤ語のテキストを原典と考へてゐたと思はれるふしがある。何故なら、彼が本書の十一章に後で附した註の中で、彼は、「……シリヤ語のテキストが飜譯であることは疑問である。といふのは我々は誰がその飜譯者かを知らず、それが何時公表されたかをも知らぬし、又使徒たちの母國語は外ならぬシリヤ語であつたから」と言つてゐるのであるから。

第五章

（一）　イザヤ書五十八章八節。この最後の句は「神の榮光汝を守らん」とか「神の榮光は汝の軍後《しんがり》となるべし」（邦譯）とかいふ解釋もあるが、スピノザはこれを（スピノザ自身の註にある如く）創世記の四十九章と關聯させて「神の榮光は汝を群に加へん」と解したのである。つまり神は正しき者に光榮ある生の終りを與へるであらうといふ意味に解したのである。

（二）　イザヤ書五十八章十四節。

（三）　Seneca, Troades 258.

（四）　これは「聖書に出てゐるすべての物語は宗教に對して必然的に一定の效用を持つ」といふマイモニデスの所説（「導き」三の五十）を反駁して書いたものであらう。

（五）　創世記二十六章十四節以下。

（六）　サムエル後書十六章二十二節以下、十七章一節以下。

（七）　列王紀略及び歷代志略に頻出する。

（八）　この終りの句は前のつゞきから「……異國民中の智慧者には屬するが敬虔者には屬しない」とあるべきところと思はれるが、マイモニデスの別版テキストには果してさうあるのである。

（九）　カルヴィン正統派の人々、ことに反レモンストラント派の人々を指す。

第六章

（一）　スピノザはこの個所に次のやうな註を附してゐる。「我々は、神そのものに關して明瞭且つ判然たる觀念をでなく單に混亂せる觀念をのみ有する間は、神の存在を、從つて又一切物を疑ふ。何故なら、三角形の本性を正しく認識しない者が三角形の内角の和が二直角に等しいことを知らぬやうに、丁度そのやうに、神の本性を混亂して概念する者は存在が神の本性に屬することを覺らないからである。だが、神の本性が明瞭且つ判然と我々から概念され得る爲には、我々は共通概念〔普遍概念〕と呼ばれる極めて單純な若干概念に注意し、それらの概念と神の本性に屬する諸概念とを聯結することが必要なのである。かくして始めて神の必然的存在性と遍在性とが我々に明白になり、又かくして同時に、我々の概念する一切物は神の本性を自らの内に含み且つ神の本性を通して概念されることが明らかになり、最後に又、我々が十全的に概念する一切物は眞理であることが明らかになる。しかしこれらの點については、『幾何學的方法に從つて論證せられたる哲學原理』と題する書の序説を見られたい」（附註第六）。

（二）　或事柄が何故生じたかを理解し得ない度毎に「神の意志」を持ち出す人々をスピノザは「無智の避難所（Asylum ignorantiae）へ逃げ場を求める」者として笑つてゐるが（「エチカ」一部附錄）、かうしたスピノザの見解は既に「形而上學的思想」の中にも見られる。卽ち其處には例へばかうある、「……故に神の意志は我々が事物を明瞭且つ判然と理解する時に我々にとつて最も明白になる。だから哲學者たちが事物の原因を意識しない度毎に神の意志に逃げ場を求めるのは滑稽なことである……」(「形而上學的思想」二部七章の初め。バリング版からの補遺。)

(三) sub quadam specie aeternitatis (「エチカ」二部定理四十四系二、「知性改善論」一〇八參照)

(四) 申命記十三章三—六節。

(五) コリント前書九章二十節以下。

(六) ヨシュア記十章十三節。

(七) 列王紀略下二章十一節。

(八) 出埃及記四章二十一節、七章三節。

(九) 創世記七章十一節。

(十) ヨエルの指摘する如く、これら詩篇、エレミヤ記、傳道之書からの諸例は、このままの順序でマイモデス(「導き」二の二十八)の中に出てゐる。

(十一) スピノザは自らギリシヤ語があまり得意でないと言つてゐるが、實際に於ても彼は新約聖書やヨセフスの「ユダヤ古事」をすべてラテン語譯から引用してゐる。

第七章

(一) 申命記四章二十四節、出埃及記二十四章十七節及び三十四章十四節、申命記五章九節。

(二) マタイ傳五章五節。

(三) マタイ傳五章三十九節以下。

(四) 出埃及記二十一章二十四節、利未記二十四章二十節。

(五) ヨエルの考證に依れば、タルムードの中にも、言葉の意味が傳承の一なること、故に傳承は一概に排斥すべきでないことが記されてある。

(六) この呼び方は當時のスペイン－ポルトガル系ユダヤ人のもので、一般の呼方とはやゝ異なつてゐる。

(七) 點符 (puncti) といふ語は主として母音符のことに用ひられるが、時には硬音記號 (b, d, g, k, p, t 等の音を硬化する爲の記號) や句讀點記號を含めた意味に用ひられ、更に又揚音符をも含めた意味に用ひられる。

(八) アリストの Orlando furioso X. 66 ff.

(九) オウィディウスのメタモルフォーセスに出づ。この書はスピノザの愛讀書の一つであり、彼の著書にはこの書からの引用が相當多く、この書は彼の死後その藏書中にあつた。

(十) 士師記十五章十五節以下、十六章三十節。

(十一) 列王紀略下二章十一節。

（十二） 本書に屢〻出て來るイブン・エズラ（Aben Hezra=Ibn Esra）は中世（一〇九二—一一六七）のユダヤの聖書學者。本書八章參照。モーゼ五書がモーゼの書いたものでないことを暗示してスピノザに影響を與へた。

（十三） スピノザはこの個所に註して曰く、「解し得る事柄（res perceptibiles）と余が言ふのは、正規に證明される事柄ばかりを言ふのでなく、たとへ證明はされ得なくても我々が通常心性的確實性（moralis certitudo）を以て受け取り・且つ奇異の念を抱かずに聞くさうした事柄をも含めて言つてゐるのである。ユークリッドの諸定理は證明される前に何人に依つても解される。同樣に又、未來並びに過去の事柄に關する物語も、それが人間としてとても信じられぬやうなものでない限り、余はこれを——諸〻の法規、制度、風習などと同樣に——解し得る事柄、明瞭な事柄と呼ぶ、たとへこれらのものが數學的には證明され得ないとしても。一方余は謎的言辭で表現された事柄やとても信じきれないやうな物語をば解し難い事柄と名づける。然しかうした事柄の中にも、我々の方法を以て探究すれば、著者の精神を解し得る場合が數多く存するのである」（附註第八）。

（十四） 聖書解釋に關しレモンストラント派（アルミニウス派）が自然的光明に賴らんとするに反し、正統派、殊に反レモンストラント派（ゴマルス派）は超自然的光明の必要を力説した。

（十五） これに反してスピノザは、宗教上の外的禮拜、正義や愛の外的實踐、並びに教會一般を全然國家權力に從屬させた（第十九章參照）。

スピノザ　神学《しんがく》・政治論《せいじろん》（上）〔全2冊〕

1944年6月1日　第1刷発行
2022年12月5日　第13刷発行

訳　者　畠中尚志《はたなかなおし》

発行者　坂本政謙

発行所　株式会社 岩波書店
〒101-8002 東京都千代田区一ツ橋2-5-5
案内 03-5210-4000　営業部 03-5210-4111
文庫編集部 03-5210-4051
https://www.iwanami.co.jp/

印刷・精興社　製本・中永製本

ISBN 4-00-336151-2　Printed in Japan

読書子に寄す

——岩波文庫発刊に際して——

岩波茂雄

真理は万人によって求められることを自ら欲し、芸術は万人によって愛されることを自ら望む。かつては民を愚昧ならしめるために学芸が最も狭き堂宇に閉鎖されたことがあった。今や知識と美とを特権階級の独占より奪い返すことはつねに進取的なる民衆の切実なる要求である。岩波文庫はこの要求に応じそれに励まされて生まれた。それは生命ある不朽の書を少数者の書斎と研究室とより解放して街頭にくまなく立たしめ民衆に伍せしめるであろう。近時大量生産予約出版の流行を見る。その広告宣伝の狂態はしばらくおくも、後代にのこすと誇称する全集がその編集に万全の用意をなしたるか。千古の典籍の翻訳企図に敬虔の態度を欠かざりしか。さらに分売を許さず読者を繫縛して数十冊を強うるがごとき、はたしてその揚言する学芸解放のゆえんなりや。吾人は天下の名士の声に和してこれを推挙するに躊躇するものである。このときにあたって、岩波書店は自己の責務のいよいよ重大なるを思い、従来の方針の徹底を期するため、すでに十数年以前より志して来た計画を慎重審議この際断然実行することにした。吾人は範をかのレクラム文庫にとり、古今東西にわたって文芸・哲学・社会科学・自然科学等種類のいかんを問わず、いやしくも万人の必読すべき真に古典的価値ある書をきわめて簡易なる形式において逐次刊行し、あらゆる人間に須要なる生活向上の資料、生活批判の原理を提供せんと欲する。この文庫は予約出版の方法を排したるがゆえに、読者は自己の欲する時に自己の欲する書物を各個に自由に選択することができる。携帯に便にして価格の低きを最主とするがゆえに、外観を顧みざるも内容に至っては厳選最も力を尽くし、従来の岩波出版物の特色をますます発揮せしめようとする。この計画たるや世間の一時の投機的なるものと異なり、永遠の事業として吾人は微力を傾倒し、あらゆる犠牲を忍んで今後永久に継続発展せしめ、もって文庫の使命を遺憾なく果たさしめることを期する。芸術を愛し知識を求むる士の自ら進んでこの挙に参加し、希望と忠言とを寄せられることは吾人の熱望するところである。その性質上経済的には最も困難多きこの事業にあえて当たらんとする吾人の志を諒として、その達成のため世の読書子とのうるわしき共同を期待する。

昭和二年七月

《哲学・教育・宗教》〔青〕

- ソクラテスの弁明・クリトン　プラトン　久保勉訳
- ゴルギアス　プラトン　加来彰俊訳
- 饗宴　プラトン　久保勉訳
- テアイテトス　プラトン　田中美知太郎訳
- パイドロス　プラトン　藤沢令夫訳
- メノン　プラトン　藤沢令夫訳
- 国家　全二冊　プラトン　藤沢令夫訳
- プロタゴラス　—ソフィストたち　プラトン　藤沢令夫訳
- パイドン　—魂の不死について　プラトン　岩田靖夫訳
- アナバシス　—敵中横断六〇〇〇キロ　クセノポン　松平千秋訳
- アリストテレス　ニコマコス倫理学　全二冊　高田三郎訳
- アリストテレス　形而上学　全二冊　出隆訳
- アリストテレス　弁論術　戸塚七郎訳
- アリストテレース／ホラーティウス　詩学・詩論　松本仁助・岡道男訳
- 物の本質について　ルクレーティウス　樋口勝彦訳
- エピクロス　—教説と手紙　出隆・岩崎允胤訳

- 生の短さについて　他二篇　セネカ　大西英文訳
- 怒りについて　他二篇　セネカ　兼利琢也訳
- エピクテトス　人生談義　全二冊　國方栄二訳
- マルクス・アウレーリウス　自省録　神谷美恵子訳
- 老年について　キケロー　中務哲郎訳
- 友情について　キケロー　中務哲郎訳
- 弁論家について　全二冊　キケロー　大西英文訳
- キケロー書簡集　高橋宏幸編
- エラスムス＝トマス・モア往復書簡　沓掛良彦・高田康成訳
- 方法序説　デカルト　谷川多佳子訳
- 哲学原理　デカルト　桂寿一訳
- 精神指導の規則　デカルト　野田又夫訳
- 情念論　デカルト　谷川多佳子訳
- パンセ　全三冊　パスカル　塩川徹也訳
- 知性改善論　スピノザ　畠中尚志訳
- スピノザ　エチカ（倫理学）　全二冊　畠中尚志訳
- モナドロジー　他二篇　ライプニッツ　谷川多佳子・岡部英男訳

- ハイラスとフィロナスの三つの対話　バークリ　戸田剛文訳
- 市民の国について　全二冊　ヒューム　小松茂夫訳
- 自然宗教をめぐる対話　ヒューム　犬塚元訳
- 人間機械論　ド・ラ・メトリ　杉捷夫訳
- エミール　全三冊　ルソー　今野一雄訳
- ルソー　告白　全三冊　桑原武夫訳
- 人間不平等起原論　ルソー　本田喜代治・平岡昇訳
- ルソー　社会契約論　桑原武夫・前川貞次郎訳
- 政治経済論　ルソー　河野健二訳
- 学問芸術論　ルソー　前川貞次郎訳
- 演劇について　—ダランベールへの手紙　ルソー　今野一雄訳
- 言語起源論　—旋律と音楽的模倣について　ルソー　増田真訳
- ディドロ、ダランベール編　百科全書　—序論および代表項目　桑原武夫訳編
- ディドロ　絵画について　佐々木健一訳
- 道徳形而上学原論　カント　篠田英雄訳
- 啓蒙とは何か　他四篇　カント　篠田英雄訳
- 純粋理性批判　全三冊　カント　篠田英雄訳

- カント 実践理性批判　波多野精一・宮本和吉・篠田英雄訳
- 判断力批判 全二冊　カント　篠田英雄訳
- 永遠平和のために　カント　宇都宮芳明訳
- プロレゴメナ　カント　篠田英雄訳
- 学者の使命・学者の本質　フィヒテ　宮崎洋三訳
- シュライエルマッハー 独白　木場深定訳
- 哲学史序論 —哲学と哲学史　ヘーゲル　武市健人訳
- ヘーゲル 政治論文集 全二冊　金子武蔵訳
- 歴史哲学講義 全二冊　ヘーゲル　長谷川宏訳
- 法の哲学 —自然法と国家学の要綱　ヘーゲル　上妻精・佐藤康邦・山田忠彰訳
- 自殺について 他四篇　ショウペンハウエル　斎藤信治訳
- 読書について 他二篇　ショウペンハウエル　斎藤忍随訳
- 知性について 他四篇　ショーペンハウエル　細谷貞雄訳
- 将来の哲学の根本命題 他二篇　フォイエルバッハ　松村一人・和田楽訳
- 不安の概念　キェルケゴール　斎藤信治訳
- 死に至る病　キェルケゴール　斎藤信治訳
- 体験と創作 全二冊　ディルタイ　柴田治三郎・小牧健夫訳

- 眠られぬ夜のために 全二冊　ヒルティ　草間平作・大和邦太郎訳
- 幸福論 全三冊　ヒルティ　草間平作・大和邦太郎訳
- 悲劇の誕生　ニーチェ　秋山英夫訳
- ツァラトゥストラはこう言った 全二冊　ニーチェ　氷上英廣訳
- 道徳の系譜　ニーチェ　木場深定訳
- 善悪の彼岸　ニーチェ　木場深定訳
- この人を見よ　ニーチェ　手塚富雄訳
- プラグマティズム　W・ジェイムズ　桝田啓三郎訳
- 宗教的経験の諸相 全二冊　W・ジェイムズ　桝田啓三郎訳
- 純粋経験の哲学　W・ジェイムズ　伊藤邦武編訳
- 純粋現象学及現象学的哲学考案 全二冊　フッセル　池上鎌三訳
- デカルト的省察　フッサール　浜渦辰二訳
- 愛の断想・日々の断想　ジンメル　清水幾太郎訳
- ジンメル宗教論集　深澤英隆編訳
- 笑い　ベルクソン　林達夫訳
- 道徳と宗教の二源泉　ベルクソン　平山高次訳
- 物質と記憶　ベルクソン　熊野純彦訳

- 時間と自由　ベルクソン　中村文郎訳
- ラッセル教育論　安藤貞雄訳
- ラッセル幸福論　安藤貞雄訳
- 存在と時間 全四冊　ハイデガー　熊野純彦訳
- 学校と社会　デューイ　宮原誠一訳
- 民主主義と教育 全二冊　デューイ　松野安男訳
- 歴史と自然科学・道徳の原理に就て・聖「プレルーディエン」より　ヴィンデルバント　篠田英雄訳
- 我と汝・対話　マルティン・ブーバー　植田重雄訳
- アラン 幸福論　神谷幹夫訳
- アラン 定義集　神谷幹夫訳
- 天才の心理学　E・クレッチュマー　内村祐之訳
- 英語発達小史　H・ブラッドリ　寺澤芳雄訳
- 日本の弓術　オイゲン・ヘリゲル述　柴田治三郎訳
- 饒舌について 他五篇　プルタルコス　柳沼重剛訳
- ことばのロマンス —英語の語源　ウィークリー　寺澤芳雄・出淵博訳
- 人間 —シンボルを操るもの　カッシーラー　宮城音弥訳
- 国家と神話 全二冊　カッシーラー　熊野純彦訳

天才・悪　ブレンターノ　篠田英雄訳
人間の頭脳活動の本質 他一篇　ディーツゲン　小松摂郎訳
プラトン入門　R・S・ブラック　内山勝利訳
反啓蒙思想 他二篇　バーリン　松本礼二編
マキアヴェッリの独創性 他三篇　バーリン　川出良枝編
論理哲学論考　ウィトゲンシュタイン　野矢茂樹訳
自由と社会的抑圧　シモーヌ・ヴェイユ　冨原眞弓訳
根をもつこと 全二冊　シモーヌ・ヴェイユ　冨原眞弓訳
重力と恩寵　シモーヌ・ヴェイユ　冨原眞弓訳
全体性と無限 全二冊　レヴィナス　熊野純彦訳
啓蒙の弁証法 —哲学的断想　M・ホルクハイマー　T・W・アドルノ　徳永恂訳
ヘーゲルからニーチェへ —十九世紀思想における革命的断絶 全二冊　レーヴィット　三島憲一訳
統辞構造論 付『言語理論の論理構造』序論　チョムスキー　福井直樹　辻子美保子訳
統辞理論の諸相 方法論序説　チョムスキー　福井直樹　辻子美保子訳
言語変化という問題 —共時態、通時態、歴史　E・コセリウ　田中克彦訳
快楽について　ロレンツォ・ヴァッラ　近藤恒一訳
古代懐疑主義入門 —判断保留の十の方式　J・アナス　J・バーンズ　金山弥平訳

ニーチェ みずからの時代と闘う者　ルドルフ・シュタイナー　高橋巖訳
人間精神進歩史 全二冊　コンドルセ　渡辺誠訳
人間の教育 全二冊　フレーベル　荒井武訳
フレーベル自伝　長田新訳
旧約聖書 創世記　関根正雄訳
旧約聖書 出エジプト記　関根正雄訳
旧約聖書 ヨブ記　関根正雄訳
旧約聖書 詩篇　関根正雄訳
新約聖書 福音書　塚本虎二訳
文語訳 新約聖書 詩篇付
文語訳 旧約聖書 全四冊
キリストにならいて　トマス・ア・ケンピス　大沢章　呉茂一訳
聖アウグスティヌス 告白 全二冊　服部英次郎訳
アウグスティヌス 神の国 全五冊　服部英次郎　藤本雄三訳
新訳 キリスト者の自由・聖書への序言　マルティン・ルター　石原謙訳
シュヴァイツェル イエスの生涯 —メシアと受難の秘密　シュヴァイツェル　波木居齊二訳
キリスト教と世界宗教　シュヴァイツェル　鈴木俊郎訳

水と原生林のはざまで　シュヴァイツェル　野村実訳
コーラン 全三冊　井筒俊彦訳
エックハルト説教集　田島照久編訳
ムハンマドのことば ハディース　小杉泰編訳
新約聖書外典 ナグ・ハマディ文書抄　荒井献　大貫隆　小林稔　筒井賢治 編訳
後期資本主義における正統化の問題　ハーバーマス　山田正行・金慧訳
シンボルの哲学 —理性、祭礼、芸術のシンボル試論　S・K・ランガー　塚本明子訳
ジャック・ラカン 精神分析の四基本概念 全二冊　ジャック＝アラン・ミレール 編　小出浩之　新宮一成　鈴木國文　小川豊昭 訳
精神と自然 —生きた世界の認識論　グレゴリー・ベイトソン　佐藤良明訳

《イギリス文学》〔赤〕

ユートピア　トマス・モア　平井正穂訳
完訳カンタベリー物語　全三冊　チョーサー　桝井迪夫訳
ヴェニスの商人　シェイクスピア　中野好夫訳
十二夜　シェイクスピア　小津次郎訳
ハムレット　シェイクスピア　野島秀勝訳
オセロウ　シェイクスピア　菅泰男訳
リア王　シェイクスピア　野島秀勝訳
マクベス　シェイクスピア　木下順二訳
ソネット集　シェイクスピア　高松雄一訳
ロミオとジューリエット　シェイクスピア　平井正穂訳
リチャード三世　シェイクスピア　木下順二訳
対訳シェイクスピア詩集　―イギリス詩人選(1)　柴田稔彦編
から騒ぎ　シェイクスピア　喜志哲雄訳
言論・出版の自由　他一篇　―アレオパジティカ　ミルトン　原田純訳
失楽園　全二冊　ミルトン　平井正穂訳
ロビンソン・クルーソー　全二冊　デフォー　平井正穂訳
奴婢訓　他一篇　スウィフト　深町弘三訳
ガリヴァー旅行記　スウィフト　平井正穂訳
ジョウゼフ・アンドルーズ　全二冊　フィールディング　朱牟田夏雄訳
トリストラム・シャンディ　全三冊　ロレンス・スターン　朱牟田夏雄訳
ウェイクフィールドの牧師　―むだばなし　ゴールドスミス　小野寺健訳
幸福の探求　―アビシニアの王子ラセラスの物語　サミュエル・ジョンソン　朱牟田夏雄訳
対訳ブレイク詩集　―イギリス詩人選(4)　松島正一編
対訳ワーズワス詩集　―イギリス詩人選(3)　山内久明編
湖の麗人　スコット　入江直祐訳
キプリング短篇集　橋本槇矩編訳
高慢と偏見　全二冊　ジェーン・オースティン　富田彬訳
ジェイン・オースティンの手紙　新井潤美編訳
マンスフィールド・パーク　全二冊　ジェイン・オースティン　新井潤美・宮丸裕二訳
シェイクスピア物語　全二冊　チャールズ・ラム　メアリー・ラム　安藤貞雄訳
デイヴィッド・コパフィールド　全五冊　ディケンズ　石塚裕子訳
炉辺のこほろぎ　ディケンズ　本多顕彰訳
ボズのスケッチ　短篇小説篇　全二冊　ディケンズ　藤岡啓介訳
アメリカ紀行　全二冊　ディケンズ　伊藤弘之・下笠徳次・隈元貞広訳
イタリアのおもかげ　ディケンズ　伊藤弘之・下笠徳次・隈元貞広訳
大いなる遺産　全二冊　ディケンズ　石塚裕子訳
荒涼館　全四冊　ディケンズ　佐々木徹訳
鎖を解かれたプロメテウス　シェリー　石川重俊訳
ジェイン・エア　全二冊　シャーロット・ブロンテ　河島弘美訳
嵐が丘　全二冊　エミリー・ブロンテ　河島弘美訳
アルプス登攀記　全二冊　ウィンパー　浦松佐美太郎訳
アンデス登攀記　全二冊　ウィンパー　大貫良夫訳
ハーディテス　全二冊　トマス・ハーディ　井上宗次・石田英二訳
緑の木蔭　和蘭派田園画　トマス・ハーディ　阿部知二訳
ジーキル博士とハイド氏　スティーヴンスン　海保眞夫訳
南海千一夜物語　スティーヴンスン　中村徳三郎訳
若い人々のために　他十一篇　スティーヴンスン　岩田良吉訳
怪談　―不思議なことの物語と研究　ラフカディオ・ハーン　平井呈一訳
ドリアン・グレイの肖像　オスカー・ワイルド　富士川義之訳
サロメ　ワイルド　福田恆存訳

嘘から出た誠	ワイルド 岸本一郎訳
童話集 幸福な王子 他八篇	オスカー・ワイルド 富士川義之訳
分らぬもんですよ	バアナード・ショウ 市川又彦訳
ヘンリ・ライクロフトの私記	ギッシング 平井正穂訳
南イタリア周遊記	ギッシング 小池滋訳
闇の奥	コンラッド 中野好夫訳
密偵	コンラッド 土岐恒二訳
対訳 イエイツ詩集	高松雄一編
月と六ペンス	モーム 行方昭夫訳
人間の絆 全三冊	モーム 行方昭夫訳
サミング・アップ	モーム 行方昭夫訳
モーム短篇選 全二冊	行方昭夫編訳
アシェンデン ―英国情報部員のファイル	モーム 中島賢二 岡田久雄訳
お菓子とビール	モーム 行方昭夫訳
ダブリンの市民	ジョイス 結城英雄訳
荒地	T.S.エリオット 岩崎宗治訳
悪口学校	シェリダン 菅泰男訳

オーウェル評論集	小野寺健編訳
パリ・ロンドン放浪記	ジョージ・オーウェル 小野寺健訳
動物農場 ―おとぎばなし	ジョージ・オーウェル 川端康雄訳
対訳 キーツ詩集 ―イギリス詩人選(10)	宮崎雄行編
キーツ詩集	中村健二訳
阿片常用者の告白	ド・クインシー 野島秀勝訳
オルノーコ 美しい浮気女	アフラ・ベイン 土井治訳
イギリス名詩選	平井正穂編
タイム・マシン 他九篇	H.G.ウエルズ 橋本槙矩訳
解放された世界	H.G.ウェルズ 浜野輝訳
大転落	イヴリン・ウォー 富山太佳夫訳
回想のブライズヘッド 全二冊	イーヴリン・ウォー 小野寺健訳
愛されたもの	イーヴリン・ウォー 中村健二 出淵博訳
対訳 ジョン・ダン詩集 ―イギリス詩人選(2)	湯浅信之編
フォースター評論集	小野寺健編訳
白衣の女 全三冊	ウィルキー・コリンズ 中島賢二訳
アイルランド短篇選	橋本槙矩編訳

対訳 ブラウニング詩集 ―イギリス詩人選(6)	富士川義之編
灯台へ	ヴァージニア・ウルフ 御輿哲也訳
船出 全二冊	ヴァージニア・ウルフ 川西進訳
フランク・オコナー短篇集	阿部公彦訳
たいした問題じゃないが ―イギリス・コラム傑作選	行方昭夫編訳
英国ルネサンス恋愛ソネット集	岩崎宗治編訳
文学とは何か ―現代批評理論への招待 全二冊	テリー・イーグルトン 大橋洋一訳
D.G.ロセッティ作品集	南條竹則 松村伸一編訳
真夜中の子供たち 全二冊	サルマン・ラシュディ 寺門泰彦訳

《アメリカ文学》〔赤〕

ギリシア・ローマ神話 付インド・北欧神話　ブルフィンチ　野上弥生子訳
中世騎士物語　ブルフィンチ　野上弥生子訳
フランクリン自伝　松本慎一　西川正身訳
フランクリンの手紙　蕗沢忠枝編訳
スケッチ・ブック 全二冊　アーヴィング　齊藤昇訳
アルハンブラ物語 全二冊　アーヴィング　平沼孝之訳
ウォルター・スコット邸訪問記　アーヴィング　齊藤昇訳
エマソン論文集 全二冊　酒本雅之訳
完訳 緋文字　ホーソーン　八木敏雄訳
哀詩 エヴァンジェリン　ロングフェロー　斎藤悦子訳
黒猫・モルグ街の殺人事件 他五篇　ポオ　中野好夫訳
対訳 ポー詩集 —アメリカ詩人選(1)　加島祥造編
ユリイカ　ポオ　八木敏雄訳
ポオ評論集　八木敏雄編訳
森の生活 (ウォールデン) 全二冊　ソロー　飯田実訳
市民の反抗 他五篇　H・D・ソロー　飯田実訳

白鯨 全三冊　メルヴィル　八木敏雄訳
ビリー・バッド　メルヴィル　坂下昇訳
ホイットマン自選日記 全二冊　杉木喬訳
対訳 ホイットマン詩集 —アメリカ詩人選(2)　木島始編
対訳 ディキンソン詩集 —アメリカ詩人選(3)　亀井俊介編
不思議な少年　マーク・トウェイン　中野好夫訳
王子と乞食　マーク・トウェーン　村岡花子訳
人間とは何か　マーク・トウェイン　中野好夫訳
ハックルベリー・フィンの冒険 全二冊　マーク・トウェイン　西田実訳
いのちの半ばに　ビアス　西川正身訳
新編 悪魔の辞典　ビアス　西川正身編訳
ねじの回転 デイジー・ミラー　ヘンリー・ジェイムズ　行方昭夫訳
あしながおじさん　ジーン・ウェブスター　遠藤寿子訳
荒野の呼び声　ジャック・ロンドン　海保眞夫訳
ノリス 死の谷 マクティーグ 全二冊　石田英二　井上宗次訳
響きと怒り 全二冊　フォークナー　平石貴樹　新納卓也訳
アブサロム、アブサロム! 全二冊　フォークナー　藤平育子訳

八月の光 全二冊　フォークナー　諏訪部浩一訳
武器よさらば 全二冊　ヘミングウェイ　谷口陸男訳
オー・ヘンリー傑作選　大津栄一郎訳
黒人のたましい　W・E・B・デュボイス　木島始　鮫島重俊　黄寅秀訳
フィッツジェラルド短篇集　佐伯泰樹編訳
アメリカ名詩選　亀井俊介　川本皓嗣編
青白い炎　ナボコフ　富士川義之訳
風と共に去りぬ 全六冊　マーガレット・ミッチェル　荒このみ訳
対訳 フロスト詩集 —アメリカ詩人選(4)　川本皓嗣編
とんがりモミの木の郷 他五篇　セアラ・オーン・ジュエット　河島弘美訳

《ドイツ文学》〔赤〕

- ニーベルンゲンの歌 全二冊　相良守峯訳
- 若きウェルテルの悩み　ゲーテ　竹山道雄訳
- ヴィルヘルム・マイスターの修業時代 全三冊　ゲーテ　山崎章甫訳
- イタリア紀行 全三冊　ゲーテ　相良守峯訳
- ファウスト 全二冊　ゲーテ　相良守峯訳
- ゲーテとの対話 全三冊　エッカーマン　山下肇訳
- スペインの太子 ドン・カルロス　シルレル　佐藤通次訳
- 改訳 オルレアンの少女　シルレル　佐藤通次訳
- ヒュペーリオン ―希臘の世捨人　ヘルデルリーン　渡辺格司訳
- 青い花　ノヴァーリス　青山隆夫訳
- 夜の讃歌・サイスの弟子たち 他一篇　ノヴァーリス　今泉文子訳
- 完訳 グリム童話集 全五冊　金田鬼一訳
- 黄金の壺　ホフマン　神品芳夫訳
- ホフマン短篇集　池内紀編訳
- O侯爵夫人 他六篇　クライスト　相良守峯訳
- 影をなくした男　シャミッソー　池内紀訳

- 流刑の神々・精霊物語　ハイネ　小沢俊夫訳
- 冬物語 ―ドイツ　ハイネ　井汲越次訳
- 芸術と革命 他四篇　ワーグナー　北村義男訳
- ブリギッタ・森の泉 他一篇　シュティフター　宇多五郎・高安国世訳
- みずうみ 他四篇　シュトルム　関泰祐訳
- 村のロメオとユリア　ケラー　草間平作訳
- 沈鐘　ハウプトマン　阿部六郎訳
- 地霊・パンドラの箱 ルル二部作　F・ヴェデキント　岩淵達治訳
- 春のめざめ　F・ヴェデキント　酒寄進一訳
- 花・死人に口なし 他七篇　シュニッツラー　番匠谷英一・山本有三訳
- ゲオルゲ詩集　手塚富雄訳
- リルケ詩集　高安国世訳
- ドゥイノの悲歌　リルケ　手塚富雄訳
- ブッデンブローク家の人びと 全三冊　トーマス・マン　望月市恵訳
- トオマス・マン短篇集　実吉捷郎訳
- 魔の山 全二冊　トーマス・マン　関泰祐・望月市恵訳
- トニオ・クレエゲル　トオマス・マン　実吉捷郎訳

- ヴェニスに死す　トオマス・マン　実吉捷郎訳
- 車輪の下　ヘルマン・ヘッセ　実吉捷郎訳
- 青春はうるわし 他三篇　ヘッセ　関泰祐訳
- 漂泊の魂 クヌルプ　ヘルマン・ヘッセ　相良守峯訳
- デミアン　ヘルマン・ヘッセ　実吉捷郎訳
- シッダルタ　ヘッセ　手塚富雄訳
- ルーマニア日記　カロッサ　高橋健二訳
- 幼年時代　カロッサ　斎藤栄治訳
- 指導と信従　カロッサ　国松孝二訳
- ジョゼフ・フーシェ ―ある政治的人間の肖像　シュテファン・ツワイク　高橋禎二・秋山英夫訳
- 変身・断食芸人　カフカ　山下肇・山下萬里訳
- 審判　カフカ　辻瑆訳
- カフカ短篇集　池内紀編訳
- カフカ寓話集　池内紀編訳
- 三文オペラ　ブレヒト　岩淵達治訳
- ドイツ炉辺ばなし集 ―カレンダーゲシヒテン　ヘーベル　木下康光編訳
- 悪童物語　ルウドヰヒ・トオマ　実吉捷郎訳

ウィーン世紀末文学選　池内紀編訳
ティル・オイレンシュピーゲルの愉快ないたずら　阿部謹也訳
チャンドス卿の手紙 他十篇　ホフマンスタール　檜山哲彦訳
ホフマンスタール詩集　川村二郎訳
インド紀行 全二冊　ボンゼルス　実吉捷郎訳
ドイツ名詩選　生野幸吉・檜山哲彦編
聖なる酔っぱらいの伝説 他四篇　ヨーゼフ・ロート　池内紀訳
ラデツキー行進曲 全二冊　ヨーゼフ・ロート　平田達治訳
暴力批判論 他十篇 ―ベンヤミンの仕事1　ベンヤミン　野村修編訳
ボードレール 他五篇 ―ベンヤミンの仕事2　ベンヤミン　野村修編訳
パサージュ論 全五冊　ヴァルター・ベンヤミン　今村仁司・三島憲一・大貫敦子・高橋順一・塚原史・細見和之・村岡晋一・山本尤・横張誠・與謝野文子・吉村和明訳
ジャクリーヌと日本人　ヤーコプ　相良守峯訳
ヴォイツェク ダントンの死 レンツ　ビューヒナー　岩淵達治訳
人生処方詩集　エーリヒ・ケストナー　小松太郎訳
第七の十字架 全二冊　アンナ・ゼーガース　山下肇・新村浩訳

《フランス文学》〔赤〕

ラブレー第一之書 ガルガンチュワ物語　渡辺一夫訳
ラブレー第二之書 パンタグリュエル物語　渡辺一夫訳
ラブレー第三之書 パンタグリュエル物語　渡辺一夫訳
ラブレー第四之書 パンタグリュエル物語　渡辺一夫訳
ラブレー第五之書 パンタグリュエル物語　渡辺一夫訳
ピエール・パトラン先生　渡辺一夫訳
ロンサール詩集　ロンサール　井上究一郎訳
エセー 全六冊　モンテーニュ　原二郎訳
ラ・ロシュフコー箴言集　二宮フサ訳
ブリタニキュス ベレニス　ラシーヌ　渡辺守章訳
ドン・ジュアン ―石像の宴　モリエール　鈴木力衛訳
いやいやながら医者にされ　モリエール　鈴木力衛訳
守銭奴　モリエール　鈴木力衛訳
完訳ペロー童話集　新倉朗子訳
ラ・フォンテーヌ寓話 全二冊　ラ・フォンテーヌ　今野一雄訳
カンディード 他五篇　ヴォルテール　植田祐次訳

ルイ十四世の世紀 全四冊　ヴォルテール　丸山熊雄訳
美味礼讃 全二冊　ブリア-サヴァラン　関根秀雄・戸部松実訳
アドルフ　コンスタン　大塚幸男訳
近代人の自由と古代人の自由・征服の精神と簒奪 他一篇　コンスタン　堤林剣・堤林恵訳
恋愛論 全二冊　スタンダール　杉本圭子訳
赤と黒 全二冊　スタンダール　桑原武夫・生島遼一訳
ゴプセック・毬打つ猫の店　バルザック　芳川泰久訳
艶笑滑稽譚 全三冊　バルザック　石井晴一訳
レ・ミゼラブル 全四冊　ユーゴー　豊島与志雄訳
ライン河幻想紀行　ユーゴー　榊原晃三編訳
ノートル＝ダム・ド・パリ 全二冊　ユーゴー　辻昶・松下和則訳
モンテ・クリスト伯 全七冊　アレクサンドル・デュマ　山内義雄訳
三銃士 全二冊　デュマ　生島遼一訳
エトルリヤの壺 他五篇　メリメ　杉捷夫訳
カルメン　メリメ　杉捷夫訳
愛の妖精（プチット・ファデット）　ジョルジュ・サンド　宮崎嶺雄訳
ボオドレール 悪の華　鈴木信太郎訳

ボヴァリー夫人 全二冊　フローベール　伊吹武彦訳
感情教育 全二冊　フローベール　生島遼一訳
紋切型辞典　フローベール　小倉孝誠訳
サラムボー 全二冊　フローベール　中條屋進訳
未来のイヴ 全二冊　ヴィリエ・ド・リラダン　渡辺一夫訳
風車小屋だより　ドーデー　桜田佐訳
サフォ ―パリ風俗　ドーデー　朝倉季雄訳
プチ・ショーズ ―ある少年の物語　ドーデー　原千代海訳
少年少女　アナトール・フランス　三好達治訳
テレーズ・ラカン 全二冊　エミール・ゾラ　小林正訳
ジェルミナール 全三冊　エミール・ゾラ　安士正夫訳
獣人 全二冊　エミール・ゾラ　川口篤訳
氷島の漁夫　ピエール・ロチ　吉氷清訳
マラルメ詩集　渡辺守章訳
脂肪のかたまり　モーパッサン　高山鉄男訳
メゾンテリエ 他三篇　モーパッサン　河盛好蔵訳
モーパッサン短篇選　高山鉄男編訳

わたしたちの心　モーパッサン　笠間直穂子訳
地獄の季節　ランボオ　小林秀雄訳
対訳 ランボー詩集 ―フランス詩人選(1)　中地義和編
にんじん　ルナアル　岸田国士訳
ぶどう畑のぶどう作り　ルナアル　岸田国士訳
ジャン・クリストフ 全四冊　ロマン・ローラン　豊島与志雄訳
トルストイの生涯　ロマン・ロラン　蛯原徳夫訳
ベートーヴェンの生涯　ロマン・ロラン　片山敏彦訳
フランシス・ジャム詩集　手塚伸一訳
三人の乙女たち　フランシス・ジャム　手塚伸一訳
狭き門　アンドレ・ジイド　川口篤訳
法王庁の抜け穴　アンドレ・ジイド　石川淳訳
精神の危機 他十五篇　ポール・ヴァレリー　恒川邦夫訳
ドガ ダンス デッサン　ポール・ヴァレリー　塚本昌則訳
シラノ・ド・ベルジュラック　ロスタン　辰野隆　鈴木信太郎訳
地底旅行　ジュール・ヴェルヌ　朝比奈弘治訳
八十日間世界一周　ジュール・ヴェルヌ　鈴木啓二訳

海底二万里 全二冊　ジュール・ヴェルヌ　朝比奈美知子訳
死霊の恋・ポンペイ夜話 他三篇　ゴーチエ　田辺貞之助訳
火の娘たち　ネルヴァル　野崎歓訳
パリの夜 ―革命下の民衆　レチフ・ド・ラ・ブルトンヌ　植田祐次編訳
牝猫(めすねこ)　コレット　工藤庸子訳
シェリ　コレット　工藤庸子訳
シェリの最後　コレット　工藤庸子訳
生きている過去　レニエ　窪田般彌訳
ノディエ幻想短篇集　ノディエ　篠田知和基編訳
フランス短篇傑作選　山田稔編訳
シュルレアリスム宣言・溶ける魚　アンドレ・ブルトン　巌谷國士訳
ナジャ　アンドレ・ブルトン　巌谷國士訳
ジュスチーヌまたは美徳の不幸　サド　植田祐次訳
とどめの一撃　ユルスナール　岩崎力訳
フランス名詩選　安藤元雄　入沢康夫　渋沢孝輔編
繻子の靴 全二冊　ポール・クローデル　渡辺守章訳
A・O・バルナブース全集 全二冊　ヴァレリー・ラルボー　岩崎力訳

書名	著者・訳者
心変わり	ミシェル・ビュトール 清水 徹訳
悪魔祓い	ル・クレジオ 高山鉄男訳
楽しみと日々	プルースト 岩崎 力訳
失われた時を求めて 全十四冊	プルースト 吉川一義訳
子 ど も 全三冊	ジュール・ヴァレス 朝比奈弘治訳
シルトの岸辺	ジュリアン・グラック 安藤元雄訳
星の王子さま	サン゠テグジュペリ 内藤 濯訳
プレヴェール詩集	小笠原豊樹訳
ペ ス ト	カミュ 三野博司訳
《別冊》	
増補 フランス文学案内	渡辺一夫 鈴木力衛
増補 ドイツ文学案内	手塚富雄 神品芳夫
ことばの花束 —岩波文庫の名句365—	岩波文庫編集部編
ことばの贈物	岩波文庫編集部編
愛のことば —岩波文庫から—	大岡信 奥本大三郎 小川国夫 池内紀 沼野充義 村松三郎 編
世界文学のすすめ	
近代日本文学のすすめ	大岡 信 加賀乙彦 曽根博義 十川信介 鹿野政直 中村邦生 佐竹謙一 木田 元 編 大岡信 谷川俊太郎 編
近代日本思想案内	鹿野政直
近代日本文学案内	十川信介
スペイン文学案内 ポケットアンソロジー この愛のゆくえ	中村邦生編 佐竹謙一
一日一文 英知のことば	木田 元編
声でたのしむ美しい日本の詩	大岡信 谷川俊太郎 編

岩波文庫の最新刊

石母田正著／高橋昌明編
平家物語 他六篇

「見《み》べき程の事は見つ、今は自害せん」。魅力的な知盛像や「年代記」を原点に成長してゆく平家物語と時代の心性を自在に論じ、歴史家の透徹した眼差しを伝える。
〔青四三六-三〕 **定価九九〇円**

廣重徹著／西尾成子編
相対性理論の起原 他四篇

日本で本格的な科学史研究の道を切り拓いた廣重徹。本書ではとくに名高い、相対性理論の発見に関わる一連の論文を収録する。
〔青九五三-一〕 **定価八五八円**

ヤン・ポトツキ作／畑浩一郎訳
サラゴサ手稿（中）

ポーランドの鬼才の幻の長篇、初の全訳。族長の半生、公爵夫人の秘密、神に見棄てられた男の悲劇など、物語は次の物語を生み、六十一日間語り続けられる。（全三冊）〔赤N五一九-二〕 **定価一一七七円**

……今月の重版再開……

パストゥール著／山口清三郎訳
自然発生説の検討
〔青九一五-一〕 **定価七九二円**

岩槻邦男・須原準平訳
メンデル **雑種植物の研究**
〔青九三二-一〕 **定価五七二円**

岩波文庫の最新刊

今西祐一郎編注
源氏物語補作
山路の露 雲隠六帖 他二篇

薫と浮舟のその後は、光源氏の出家と死の真相は、源氏と六条御息所の馴れ初めは?――昔も今も変わらない、源氏に魅せられた人々の熱い想いが生んだ物語。
〔黄一五一-九〕 定価一〇六七円

國方栄二編訳
ヒポクラテス医学論集

臨床の蓄積から修得できる医術を唱えた古代ギリシアの医聖ヒポクラテス。「古い医術について」「誓い」「箴言」など代表作一〇篇を収録。「ヒポクラテス伝」を付す。〔青九〇一-二〕 定価一一一一円

トマス・リード著/戸田剛文訳
人間の知的能力に関する試論(上)

スコットランド常識学派を代表するリードは、懐疑主義的傾向を批判し、人間本性(自然)に基づく「常識」を認識や思考の基礎とすることを唱えた。(全二冊)
〔青N六〇六-一〕 定価一六五〇円

今月の重版再開

ジョージ・エリオット作/土井 治訳
サイラス・マーナー
定価一〇一二円
〔赤二三六-一〕

家永三郎編
植木枝盛選集
定価九九〇円
〔青一〇七-一〕

定価は消費税10%込です　2022.12